Peter Peter • Christian Schreibmüller

Sizilianische Küche

Peter Peter
Christian Schreibmüller

Sizilianische Küche

*Vom Essen
und Trinken
in Sizilien*

Der Verlag dankt Segafredo Zanetti, Deutschland GmbH
für die freundliche Unterstützung.

© Heinrich Hugendubel Verlag, Kreuzlingen/München
Alle Rechte vorbehalten
Die Fotos auf den Seiten 48 u. 49 stammen von
Peter Amann, München, alle anderen von Christian Schreibmüller
Lizenzausgabe für Komet Verlag GmbH, Köln
Gesamtherstellung: Komet Verlag GmbH, Köln
Besuchen Sie uns im Internet: www.komet-verlag.de

ISBN 3-89836-298-1

Inhalt

DIE LOKALE

Meinen sizilianischen Freunden
und Archestratos von Gela gewidmet,
der im 4. Jahrhundert v. Chr. mit seinem Lehrgedicht
»Gastronomía« die Kochkunst begründete

Schwertfisch
+
Limonen

Vom Speisen
in Sizilien

Una cucina antica

Noblere kulinarische Ahnen lassen sich schwerlich aufweisen. So steht am Anfang des antiken Theaters auch ein sizilianisches Fischessen. Ein Mahl für die Götter: In der »Hochzeit der Hebe« (6. Jahrhundert v. Chr.) zählt Herakles genüßlich eine Litanei von Fischen auf, die er zu verzehren gedenkt. Autor dieses Stückes ist Epicharm aus der sizilianischen Kolonie Megara, den kein Geringerer als Aristoteles als Erfinder der griechischen Komödie pries.

Es hat sich nicht viel geändert seit den Tagen, als der Heros im »Teatro Greco« von Syrakus den Zuschauern den Mund wäßrig machte. Die Halbgötter, die die Fische lieben, findet man noch immer in Sizilien, jederzeit und überall. Denn der Diskurs über legendäre Fischessen gehört noch immer zu den Freuden des sizilianischen Männergesprächs, verläßlicher als die großen Konkurrenzthemen Frauen und Politik läßt er Männeraugen leuchten.

Eine Insel der Kenner. *Il pesce deve essere fresco fresco che ti salta in padella* – der Fisch muß so frisch sein, daß er dir in der Pfanne springt, lautet eine Maxime. Hier sind die Schwertfische, die Thune, die Gold- und Zahnbrassen und die dunkelroten Riesengamberoni auch wirklich frisch, Fang der letzten Nacht. Und nicht nur frisch, sondern auch pur zubereitet, voll *sapore di mare*, Aroma des Meeres – wie die dunkelroten Seeigel, die der ins kalt-nordische Turin verschlagene Senator in Giuseppe Tomasi di Lampedusas »Sirene« über alles liebt: In Sizilien gehört Fisch in erster Linie auf den Holzkohlengrill und wird lediglich nachher mit einer Mischung aus Olivenöl, Trapani-Meersalz, Zitronensaft und frischen Kräutern (*salmorigano*) beträufelt. Sonst nichts. Purer Luxus, das feinste und zugleich das einfachste Gericht der sizilianischen Küche. Der Mythos lebt.

Wie bei der *ricotta*, dem legendären Schafstopfen der sizilianischen Hirten. An dem hatte sich schon Odysseus in der Höhle des Kyklopen Polyphem gütlich getan; und auch heute versichern die Sizilianer, daß dieses Milchprodukt an Frische und *dolcezza* (Süße) den Quark der ganzen Welt überträfe – und sie haben ohne Zweifel recht, nicht umsonst wird er im Heimatland der Hirtendichtung nach archaischer Biomethode gekocht. Auch muß er frisch und »süß« sein, sonst könnte man ihn nicht zur Füllung der weltberühmten *cassata* verwenden, der geeisten Cremetorte, die – an Barockformen erinnernd – von weißem Zuckerguß und opulenten Arrangements kandierter Früchte überzogen ist.

Tafeln zwischen Orient und Amerika

Die *Cucina Siciliana* ist die reichste und vielfältigste Regionalküche des italienischen Südens. Daran ist auch die Geschichte der Insel »schuld«. Eine leidvolle

Kette von Eroberungen: Auf Phönizier, Griechen, Römer, Byzantiner, Araber, Normannen und Staufer folgten Franzosen, Aragonesen, Spanier, Österreicher, neapolitanische Bourbonen, Engländer, Garibaldi und die Italiener (?). Die Seele, das Selbstwertgefühl der stolzen Insulaner laboriert an dieser jahrtausendealten Machtlosigkeit bis heute … Aber andererseits haben gerade diese Invasionen in Sizilien auf engstem Raum eine einzigartige Fülle von kulturellen Anregungen und Monumenten hinterlassen. Das gilt auch für die sizilianische Tafel: Die Griechen brachten Wein und Ölbaum und die homerische Freude am Lammgrillen. Sie lebt beispielsweise in den schlichten, oft unprätentiös als *baracche* bezeichneten Lokalen der Einheimi-

schen im abgelegenen Bergland der Nebrodi bis heute
fort. Schon in der Antike galten die Sizilianer als Syba-
riten, als genußsüchtige Schlemmer, deren Wohlleben
einen Moralphilosophen wie Platon auf die Palme
brachte: »… Als ich (nach Sizilien) kam, sagte mir das,
was man dort bei reichen italischen und sizilischen
Leckereien ein glückliches Leben nennt, keineswegs
und in keiner Weise zu, dahinzuleben, indem man
zweimal des Tags sich vollpfropft und keine einzige
Nacht allein schläft … kein Staat dürfte, seien seine
Gesetze beschaffen wie sie wollen, zur Ruhe gelangen,
wenn seine Bürger meinen, alles in Übermaß vergeu-
den und nichts anderes der Bemühung wert achten zu
müssen als Schmäuse und Zechgelage …«

Die Römer machten das Eiland der Fruchtbarkeits-
göttin Demeter zur Kornkammer, zur Weizeninsel der
großen Latifundien. Auch für sie war *Sicula mensa* (sizilische Tafel) ein luxuriöser Prestigebegriff, wenn sie
der Insel auch eher schlichte italische Bauern- und
Sklavengerichte wie das Saubohnenmus *maccu* hinter-
ließen.

Wahrscheinlich kamen schon unter den nächsten Herren, den Byzantinern, die ersten Zitrusfrüchte auf die
Insel – der Orangenexport (oft in phantasievollen Ein-
wickelpapieren) ist bis in die Gegenwart einer der flo-
rierendsten Wirtschaftszweige. Und wer einmal vor
Ort das schwarzdunkle herbsüße Fleisch einer ausge-
reiften *moro* oder *tarocco*-Blutorange gegessen hat,
versteht, warum sich der kranke Opernkomponist
Vincenzo Bellini (1801–1835) in Paris nach nichts aus
seiner Heimatstadt Catania so sehnte wie nach den
arance di Sicilia.

Hauptsächlich verdankt man den Reichtum der Inselkost aber den Arabern. Sie bewässerten das Land, legten die Pomeranzenkulturen an und brachten neue Gemüse und Obstsorten wie Artischocken, Auberginen, Aprikosen, Datteln, Melonen und das im Mittelalter vielangebaute Zuckerrohr mit. Wenn die sizilianischen Antipastibuffets mit ihren unendlichen Gemüsevariationen die längsten und abwechslungsreichsten Italiens sind, so ist das auch orientalische Tradition – die *Mezé*-Platten islamischer Länder lassen grüßen. Orientalisch ist ebenso das palermitanische Nationalgericht, die *pasta con le sarde* mit ihren Pinienkernen und – das täglich Brot, das Johann Gottfried Seume in seinem »Spaziergang nach Syrakus« als das beste rühmte, das er je gegessen habe: Immer frisch und knusprig gebacken, oft warm serviert, goldgelb und nach Weizen duftend, ist es *all'araba* mit Sesam bestreut.

Ihr erfolgreichstes Exportprodukt haben die Sizilianer ebenfalls den Arabern abgeschaut: das Speiseeis. Mit Ätnaschnee gekühlte Fruchtsäfte schlürften bereits die islamischen Aghlabidenemire von Palermo und ihre normannischen Nachfolger in der maurischen Zisa. Im 16. Jahrhundert führten catanesische *limonadiers* ihre Eisrezepte in Paris ein, die von dort aus Verbreitung in ganz Europa fanden.

Normannen und Staufer hingegen haben kaum kulinarische Spuren hinterlassen. Offensichtlich waren sie von der Raffinesse der arabischen Hofküche so hingeris-

sen, daß sie nicht auf den Schmankerln ihrer nordischen Heimat bestanden. Lediglich *stoccafissu*, der norwegische Stockfisch, der fest zum Speisezettel der messinesischen Küche zählt, dürfte damals zuerst den Weg nach Sizilien gefunden haben. Der folgenschwerste Import aber war ein mexikanisches Nachtschattengewächs, das die spanischen Vizekönige in dem im Auftrag Kaiser Karls V. regierten Königreich Sizilien einführten: die Tomate. Sie wurde in Süditalien bald ein ähnlich verbreitetes Volksnahrungsmittel wie in Nordeuropa die zur gleichen Gattung gehörige Kartoffel (deren deutscher Name übrigens eine Verballhornung des italienischen Wortes *tartufo*=Erdknolle darstellt).

Während man in Norditalien als Nudel-*sugo* gerne Nüsse, *pesto*, Sahne oder Pilze verwendet, wird der ultimative *sugo* aus *pomodoro pelato* (gekochten, geschälten Tomaten) nach wie vor im Süden zelebriert. Spanisches Erbe wird so zur Alltagsgeschichte.

Auf dem gleichen Weg breitet sich der Feigenkaktus (Opuntie, *Fico d'India*) auf der Insel aus: Seit der Oper »Cavalleria Rusticana« gilt dieses Gewächs fast als sizilische Nationalpflanze. Ihre stachligen, erfrischenden Früchte lassen sich bei angemessener Sorgfalt verzehren oder zu Marmelade verarbeiten.

Spanisch ist schließlich auch der Prunk der sizilianischen Adelsküche und die Tradition des Nonnenklöster-Konfekts, des berühmten *Pasta-Reale*-Marzipans. Gerade diese Adelsrezepte der *Gattopardo*-Küche der *monzú*, der großen Herrschaftsköche, werden in letzter Zeit wieder ausgegraben. Dazu gehören solche Delikatessen wie geräucherter Schwertfisch, die mit gehacktem Kalbfleisch und Schinken gefüllten Kalbsrouladen (*involtini*), die mit frischgepflückten Lorbeerblättern gegrillt werden oder die unglaublich aufwendigen, mit Eiern und Kalbsbries gefüllten Makkaroniaufläufe, wie wir sie aus Tomasi di Lampedusas »Leopard« kennen:

»Der Anblick dieser babylonischen riesigen Nudelpastete verdiente es wohl, Seufzer des Entzückens zu provozieren. Das gebräunte Gold der Umhüllung und der Wohlgeruch von Zucker und Zimt, der davon ausging, waren nichts anderes als das Präludium des Wonnegefühls, das aus dem Inneren aufstieg, als das Messer die Kruste zerteilte: Zuerst brach ein Dampf heraus, reich an Aromen, dann ließen sich die Hühnerlebern erkennen, die harten Eier, die Streifen von Schinken, Huhn und Trüffeln, die in der saftigen Masse der heißen kurzen Maccheroncini getränkt waren, denen der Fleischsud ein edles gamslederfarbenes Aussehen verlieh.«

Daneben gibt es die Tradition der *cucina povera*, denn die meisten Sizilianer waren bis vor fünfzig Jahren arm, bettelarm, verzweifelte, halbverhungerte Tagelöhner, Schwefelträger und Landarbeiter, die oft genug froh waren, einen Bissen Brot und einen Löffel Öl zu essen zu haben. Schlichte Stärkungen wie die Milzbrötchen, die auf den Palermitaner Altstadtmärkten verkauft werden, die gebackenen Kichererbsenfladen oder die sizilianische Variante des Fast food, die *arancine*, fritierte Reisbirnen mit einem Stückchen Innerei gefüllt, erinnern an die Insel des Hungers und der Auswanderung. Auch Backfladen wie *sfincioni*, *scacciata* oder *fuazza*, die meist nur mit Sardellen und zerdrückten Oliven gewürzt sind, waren einst die Hauptmahlzeit weiter Bevölkerungsschichten. Die Pizza hingegen, für gewöhnlich nur abends erhältlich, stammt bekanntlich aus der Bundesrepublik. Aus ihrer eigentlichen Heimat Neapel von neapolitanischen Gastarbeitern der fünfziger Jahre nach Deutschland gebracht, wurde sie von arglosen Touristen der Nachkriegszeit so lange beharrlich in Rimini und Umgebung gefordert, bis die italienische Gastronomie diesem Wunsch nachkam und diese Spezialität als neues Symbol der italienischen Nationalküche auch nach Sizilien brachte.

Trattorie und Tischsitten

Schon Goethe hat es in seiner »Italienischen Reise« verkündet: Fahrten in den Süden Italiens sind – trotz der ungeheuren Vielfalt an archäologischen und kunsthistorischen Verlockungen – doch in erster Linie Reisen zu Menschen, die zu beobachten, derer sich zu erfreuen man nicht müde wird. Als Gast unter Sizilianern zu speisen ist noch immer die effektivste Methode, den Lebensstil, die instinktive Fülle, den Stolz und die Ehrlichkeit dieser Insel kennenzulernen. Denn Essen ist hier eine öffentliche Angelegenheit, ein Ereignis von Rang, ein Stück Lebenskultur, das in einem Land, in dem nicht immer alles zum besten funktioniert, unverrückbar feststeht. Wer speist, präsentiert sich so öffentlich, als wenn er zur Messe ginge, auch ißt kaum jemand allein.

Und wer sich entscheidet zu essen, also in die Öffentlichkeit zu gehen, der sollte es richtig tun. Was für die Einheimischen gilt, muß doppelt für die Fremden gelten. Man wird doch nicht so weit reisen, um dann nur ganz wenig zu probieren. Und man will doch auch die Fähigkeiten und Künste der Küche nicht ins schiefe Licht setzen. Nein, hier gehört es sich, ein ganzes Menü zu genießen: *antipasto, primo piatto, secondo piatto*. Die sizilianische Olivenölküche ist nicht schwer, und man kann sich ja beim Antipasto zurückhalten, muß ja nicht alle Nudeln aufessen und eine Orange oder eine frischgemachte *macedonia* verträgt nachher jeder noch, vor allem, wenn man – wie es sich gehört – mit einem *caffè* und einem *Amaro Averna*, dem berühmtesten sizilianischen Magenbitter aus Caltanissetta, schließt. Grappa hingegen hat in Sizilien wie in ganz Süditalien keine Tradition.

Sizilien ist ein Land der Freundschaften, der persönlichen Kontakte und Vertrauensverhältnisse. Busfahrpläne sind hier eine Seltenheit – man geht eben in die näch-

ste Bar und fragt den *barista*, wann es weitergeht. Das gleiche gilt für etwas so Anonymes wie Speisekarten. Eigentlich sind sie irgendwie verdächtig, ein Zeichen dafür, daß es sehr teuer oder sehr touristisch ist – die meisten Speisekarten gibt es bezeichnenderweise auf Taorminas Massenterrassen. Dabei geht es doch viel einfacher. Man fragt einfach den Wirt, was er heute empfiehlt oder läßt ihn vertrauensvoll machen (*ci pensi Lei; mi fido di voi*), knüpft somit ein persönliches Vertrauensverhältnis, wird bestens essen, keine unliebsamen Überraschungen mit der Rechnung erleben und hat gute Chancen, vor dem Abschied noch an den Tisch, wo die Wirtsfamilie sitzt, gebeten zu werden, ganz den herzlichen Sitten mediterraner Gastfreundschaft entsprechend. Wer hingegen auf der Speisekarte besteht, gar nur Nudeln und Salat ordert, verpaßt meist das Beste, schafft eine förmlich-kalte Atmosphäre und zahlt oft für die Einzelposten prozentual weit mehr als die pauschalen Freundschaftspreise, die ein vertrauensvolles Gastmahl angenehm abschließen. Sizilianische Tischsitte ist auch ein üppiges Trinkgeld (10 Prozent und mehr). Hier schlägt nicht nur spanische Grandezza durch, sondern auch das Wissen um die soziale Situation vieler Kellner, die oft zu Minimallöhnen arbeiten.

Die sizilianische Küche gibt es nicht, sagen viele Sizilianer, sondern es gibt die palermitanische, die catanesische, die äolische und die ragusanische Küche, jede Provinz, ja jeder Ort hat seine eigenen Spezialitäten, und dann existiert noch der Unterschied zwischen Volks- und Adelsküche, zwischen Alltagsküche und Festrezepten. Dieser Vielfalt wird in diesem Buch mit der Auswahl unterschiedlichster Gaststätten Rechnung getragen. Von der einfachen Palermitaner Markttrattoria zum eleganten Ristorante, wo sich mittags der lokale Amtsadel in Anzügen trifft, von der Fischerkneipe mit eigener Muschelzucht zum Landlokal im mittelalterlichen Klosterhof, vom agrotouristischen Biobetrieb mit eigener Ölmühle bis zur Altstadtölbäckerei.

Wein im Wandel – sizilianische Trinkkultur

Odysseus mußte seinen Wein noch in Ziegenschläuchen nach Sizilien mitschleppen, wenige Generationen später produzierten die griechischen Kolonisten bereits international gepriesene Spitzengewächse auf der Insel. Poeten wie Hesiod und der Syrakusaner Theokrit besangen deren Güte, der Bildhauer Polyklet bestaunte in Syrakus eine Mega-Cantina, die aus dem Felsen geschlagen war, und Caesars Lieblingstropfen war der heute fast ausgestorbene süße Mamertiner aus dem bergigen Hinterland von Messina. Selbst die arabischen Poeten Siziliens dichteten lobende Verse auf die lokalen Reben und die Renaissancepäpste orderten trinakrische Weine. Nach den englischen Marsala-Händlern beginnen auch einheimische Adlige ihre Weine zu vermarkten, allen voran 1824 die Alliatas von Salaparuta, von deren Corvo *Il Kaiser* Wilhelm II. 1910 gleich hundert Kisten bestellte. Doch erst in den letzten zehn Jahren ist die sizilianische Weinlandschaft unter Einfluß der Europäischen Union wirklich in Bewegung geraten. Auch wenn er in ausgewählten Lokalen dieses Buches noch hochgehalten wird: Der einst dominierende kräftige, bernsteingelbe oder roséfarbene Bauernwein – zuweilen in Colaflaschen auf den Tisch gestellt – verschwindet immer mehr aus dem Angebot. Viele Einheimische ziehen heute die eher preisgünstigen DOC-Flaschenweine (*Di Origine Controllata*) vor, während im touristischen Tonkrug als *vino sfuso* oder *aperto* recht häufig der Doppler vom Supermarkt schwappt. Wenn auch nicht jedes Designeretikett einen guten Wein macht, so ist doch erstaunlich, wie in wenigen Jahren eine breitgefächerte Palette vorzüglicher Markenweine aufgebaut werden konnte. Kritisch zu werten bleibt freilich das Schielen nach den auf den Weltmärkten erfolgreicheren Bouquets des italienischen Nordens, so mancher Flaschenwein vergißt in seinem modischen Streben nach frischer Leichtigkeit seine *sicilianità*, die große Tradition der vollmundig körperreichen Weine.

Hier sind jedenfalls Entdeckungen zu machen. Was die (in Sizilien eher seltenen) Roten anbetrifft, so muß es nicht gleich das international hochgelobte Corvo-Flaggschiff, der teure Duca Enrico sein. Neben dem ebenfalls gut eingeführten Rosso del Conto der Grafen Tasca d'Almerita (Cantina Regaleali) bieten sich da eher kleinere Lagen an. Etwa die aromatischen Ätnaweine von Murgo oder Villagrande oder der seltene, aus der schwarzen Avola-Traube gekelterte Rosso di Eloro, der fast nur in der Provinz Syrakus angeboten wird. Eine vorzügliche Lage mit Zukunft ist der samtige, dunkelroséfarbene Cerasuolo, der im Gebiet von Vittoria aus den Rebsorten Calabrese, Grossonero und Frappato erzeugt wird: kleine Kantinen wie die einst von engagierten Studenten gegründete Azienda Agricola COS produzieren mittlerweile edelste Gewächse, die einen Vergleich mit den großen Weinen der Toskana oder Piemonts nicht zu scheuen brauchen.

Auch beim Weißwein, der – schon des Klimas wegen – bevorzugt wird, ist die Palette breit. Sie reicht von Raritäten wie dem herben, leichten und frischen Albanella, der ausschließlich auf der Taucherinsel Ustica erhältlich ist, bis zu dem eher schweren Bianco d'Alcamo, den der Conte Hugues De La Gatinais, sizilianische und französische Winzertradition vereinend, in dickwandigen Wappenflaschen mit den Lettern Rapitalà produziert. Große Marktanteile hat mittlerweile Donnafugata mit seinen extrem hellen Designerweinen vom Typ Damaschino. Der im

Territorium von Monreale gekelterte Terre di Ginestra taucht jetzt auch in deutschen Restaurants auf. Einfache Tischweine wie der leichte Ligorio passen vorzüglich zu den sizilischen Fischgerichten. Ein Kontrastprogramm dazu bietet die Cantina Sociale von Caltanissetta, wo der günstige, aber ordentliche offene Rosé aus Tanksäulen in Plastikkanister abgezapft wird.

Wer die sizilianischen Marken glasweise durchkosten will, wird auf Schwierigkeiten stoßen. Hedonistischer Weingenuß im Stil einer Enoteca ist in Sizilien unüblich, Wein gehört zum Essen, *vino da pasto*. Als eine der wenigen Ausnahmen sei die Enoteca Solera hinter dem Dom von Syrakus verraten.

Neben dem Marsala, dem das Abschlußkapitel gewidmet ist, dürfen die mittlerweile in Italien hochdotierten Süßweine der kleineren Inseln nicht vergessen werden. Mit Gebäck wie *mustazzoli* oder Sesam-*giuggiulena* zum Abschluß des Essens serviert, bilden Weine wie der Zibibbo von Pantelleria (oft mit arabischen Namen wie Bukkuram in den Handel gebracht), der Malvasia von der Insel Lipari oder der Moscato aus Noto ein unvergleichliches Konzentrat der Süße und der Stärke der südlichsten Trauben Europas.

Süßes …

Die *Pasticceria Siciliana* ist zu Recht in ganz Italien ein Qualitätsbegriff. Aber nur auf der Insel selbst kann man sich ein Bild von ihrer überwältigenden Fülle und ihrem optischen Reiz machen. Jeder findet hier seine Lieblingskonditorei, die durch buntes Marzipanobst oder die überbordende Vielfalt des Mandel-, Haselnuß- und Pistaziengebäcks besticht oder die vielleicht ganze Ladungen röhrenförmiger, mit schaumiger *ricotta* und kandiertem Obst gefüllter *cannoli* neben den mit Walderdbeeren gespickten Törtchen auffährt. Und dann der Zuckerguß, die rokokohaften Hellgrün-, Weiß- und Rosatöne, mit denen die *cassata* überzogen ist oder die runden Törtchen, die ungeniert als Brüstchen der heiligen Agathe bezeichnet werden. Mary Taylor Simeti hat die sizilianische Sitte, ein üppiges Mahl im Familienkreis mit vielen solcher *dolci* abzuschließen, in ihren geistreichen Kochkulturbüchern wie »Pomp and Sustenance« und »On Persephone's Island« mit der klerikalen Atmosphäre des lebendigen sizilianischen Osterbrauchtums verglichen:

21

»Mein Onkel pflegte immer zu sagen, daß Süßspeisen wie der Kardinal zu Ostern sind. Die Kathedrale ist so vollgestopft mit Leuten, die zum Hochamt gekommen sind, daß kein Zentimeter übrigbleibt, um hineinzukommen, aber sobald der Kardinal erscheint, öffnet sich wundersamerweise eine Gasse, um ihm Raum zum Passieren zu gewähren.«

Drei Traditionsstränge haben sich zum Ruhm der sizilianischen Zuckerbäckerei vereinigt: Zunächst die Marzipannaschereien der sizilianischen Nonnenklöster, die ihre *martorana* und *pasta reale* nach eifersüchtig gehüteten spanischen (und teilweise arabischen) Adelsrezepten buken, oft mit solchem Eifer, daß Barocksynoden ihnen während der Karwoche Küchenabstinenz verordnen mußten, um wieder die religiösen Pflichten in den Mittelpunkt treten zu lassen. Zweitens die oft vergessene sizilianische Volksküche, die trotz ihrer generellen Armut für Anlässe wie Hochzeiten, Taufen oder Ostern eine unglaublich vielfältige Palette an Festtags-*dolci* entwickelt hat. Und als drittes, die Kommerzialisierung dieser Künste einleitend, die Auswanderung der Graubündner Zuckerbäcker, die Anfang des 19. Jahrhunderts ganz Italien mit einem Netz von Konditoreien, vom Klainguti in Genua bis zu Caflisch in Palermo und Caviezel in Catania überzogen.

Die Auswahl ist, wie gesagt, unendlich. Mandelgebäck ist überall deliziös, einen Höhepunkt stellen die *dolci Ericini* dar, die in Erice oberhalb Trapanis oft noch in Heimarbeit gebacken werden. Das stilechteste Marzipan-Osterlamm, gefüllt mit Pistaziengelee, formen die Zisterzienserinnen vom Kloster S. Spirito in Agrigent: Erstklassiges Haselnußgebäck liefern die *laboratori dolci* der Ätnadörfer, etwa die altehrwürdige Pasticceria Russo in S. Venerina. Bronte hingegen, wo die Erben Lord Nelsons ein Herzogtum erhielten, besticht durch seine Pistazienkreationen; für Torroncino-Krokant ist Giarratana bei Ragusa berühmt. Um den Primat, die besten *cannoli* zu füllen, streiten sich ungezählte trinakrische Orte. Als Favorit für diese einst für den Karneval typische Spezialität gilt das albanischsprachige Piano degli Albanesi im Hinterland von Palermo.

Hier noch ein Geheimtip für nicht alltägliche Süßspeisen, der mittlerweile unter New Yorker Emigranten, die die verlorenen Aromen ihrer Jugend kosten wollen, zahlreiche Besteller hat: Das 1880 gegründete Dolcificio Bonajuto in Modica vermag auch den Connaisseur noch zu verblüffen. Neben fast schon alltäglichen Dingen wie riesigen marsalagelb schillernden *cotognata*-Torten aus Quittenmark und *luccuime* genannten Vettern der türkischen Lokums verkostet man hier so ausgefallene *dolci* wie ein mit Auberginen und Schokolade gefülltes *raviolo*, ein jahrhundertealtes Feiertagsgebäck der Contea di Modica. Höhepunkt von Bonajuto aber ist die schwach nach Vanille oder Zimt duftende Schokolade, die nach alten Aztekenrezepten (*Xocòatl*) erzeugt wird. Wie in Mexiko wird die Masse aus Kakaopulver und Zucker (aber ohne Milch!) über offenem Feuer erhitzt, so daß die Kakaoöle die Schokolade amalgamieren, der Zucker aber bröslig bleibt. Bonajuto-Schokolade läßt sich nicht in die Form gießen, sie wird gestampft. Der Schriftsteller Leonardo Sciascia glaubte hier, die spanische Seele Siziliens wiederentdeckt zu haben: Reminiszenz an eine Epoche, als die spanischen *baruni* der Insel zum Früh- stück schwarzen heißen aufputschenden Kakaobrei tranken.

… und Kaltes

Genuin sizilianisch sind hingegen die Wurzeln des eu- ropäischen Speiseeises. Den Luxus schneegekühlter Getränke wie Granatapfelsaft hatten einst die arabi- schen Emire aus ihrer maghrebinischen Heimat ins heiße Sizilien mitgebracht. Noch heute sind bei Wan- derungen in den Bergen die *neviere* zu entdecken, ge- mauerte Schneegruben, in denen das zu Eis gepreßte Kühlmaterial bis in den Sommer frisch gehalten wurde. Und immer noch ist – be- sonders in Ostsizilien – die häufigste Eisart *granita* bzw. *sorbetto* (von arab. *sciar- bàt,* vgl. dt. Scherbett): geeister Zitronen- oder Mandarinensaft bzw. das Frucht- mark von Erdbeeren, Pfirsichen, Maulbeeren (*gelsi*) oder Mandeln. Genau mit diesen Spezialitäten begann auch der Siegeszug des sizilianischen Eises durch die europäische Küche.

Im 16. Jahrhundert tauchten an den Höfen von England und Frankreich hochdo- tierte sizilianische Limonadiers auf, die Sorbet aus Zitrusfrüchten für die Tafel des

Herrschers lieferten. Als Hauptstadt der Eismacher galt damals Catania, das den Ätnaschnee praktisch vor der Haustür hatte. Catanese war auch jener Procopio de Cultellis, der 1686 in Paris im Quartier Latin das berühmte, noch heute existierende Literatencafé Procope eröffnete und seine über hundert Eiskreationen erstmals einer breiteren Öffentlichkeit anbot. Er erweiterte die Palette um Semifreddo-Spezialitäten wie die *cassata*, die in Sizilien eher als (eventuell geeiste) Torte mit kandierten Früchten gilt, die *cremolata*, ein mit Sahne gerührtes Mandel-, Schokoladen- oder Nußparfait sowie die berühmten Eisbomben. Ihre Miniaturausgabe, das *pezzo duro* (hartes Stück) ist noch heute neben der *granita* die wahre sizilianische Eisspezialität: Zwei oder drei Cremeeissorten (normalerweise kein Fruchteis) werden in eine kleine verschließbare Aluminiumform gestrichen und in den Gefrierschrank gelegt. Der durchgefrorene harte Block wird dann in Scheiben geschnitten, die meist mit dünnem Papier eingeschlagen werden. Das sich immer mehr ausbreitende Tüteneis aus der Blechwanne ist hingegen modische Anleihe an internationale Gepflogenheiten.

Wer die hohe Kunst der sizilianischen Eismacherei erleben will, muß also seine Sehgewohnheiten ändern. Denn Granita ist normalerweise nur angeschrieben, nicht ausgestellt: Der Sorbetbottich ist in den Bartresen eingelassen. Und auch die Eisparfaits und die *pezzi duri* sind nur manchmal im Eisschrank zu sehen, oft muß man nach ihnen fragen.

So beispielsweise in einer der erlesensten und menschlich sympathischsten Gelaterie Siziliens, bei Costanzo in Noto, etwas versteckt gegenüber vom barocken Dom: Don Corrado ist ein »Weiser des Eises«, ein Philosoph seines Handwerks, der alles gesammelt hat, was es dazu gibt. Mit berechtigtem Stolz erzählt er von seiner Heimatstadt, wie ihn einst Henri Cartier-Bresson fotografierte und von den

wahren Wurzeln sizilianischer Eiskonfiserie. Seine Rezepte gehen bis in die arabische Epoche und auf die Küchengeheimnisse der barocken Nonnenklöster zurück, im Kühlschrank bewahrt er Schalen duftender Jasminblüten für sein orientalisch parfümiertes *gelato al gelsomino*. Und wer sein Mandarineneis gekostet hat, würde dafür auch ohne die Faszination der Barockarchitektur nach Noto wiederkommen.

Noch ein Geheimtip? Die Bar Centrale auf dem Domplatz von Floridia bei Syrakus wirkt unscheinbar, das *gelato alle mandorle*, das Pasqualino mit ganzen gerösteten Mandeln fabriziert, ist dafür unvergeßlich.

Und Catania, die Hauptstadt des Eises? Catanesen sind sich einig: Man geht zu Savia, gleich gegenüber der Villa Bellini. Unspektakulärer Charme seit 1897. Die Mandelgranita ist im Tresen versteckt und wird auf edel abgeschabtem Silberuntersetzer mit einem Schlag Kaffeegranita serviert. Ein Pilgerzug von Einheimischen – *tutta Catania* scheint hier die bunten Marzipanfrüchte und die hausgemachten *torroncino*-Krokants zu kaufen.

In Palermo ist die traditionelle Eismeile hingegen die Marina mit ihren *chioschi* (Kiosken). Es ist kaum mehr als eine Generation her, daß die Damen der Gesellschaft in schwarzen *calesse* (Kaleschen) vorfuhren und der Kellner an den Kutschenschlag stürzte, um die Bestellung aufzunehmen und anschließend das gewünschte Eisparfait in die Droschke zu servieren. Eine sizilianische Dame, noch dazu von Adel, ist auch die Feministin Dacia Maraini, die in ihrem Bestseller »Bagheria« von der Güte des Speiseeises in diesem zubetonierten Villenvorort Palermos schwärmt:

»Auch heute wird in Bagheria erstklassiges Eis produziert: Kleine Blumen aus Schokolade, gefüllt mit duftender, weicher Eiscreme aus Jasminblüten, Minze, Erdbeeren oder Kokosnuß. Ganz zu schweigen vom traditionellen ›Gelo di Melone‹ das eigentlich kein Eis ist, wie man glauben könnte, sondern korallenfarbiges Gelee aus Wassermelonen, das mit Schokoladensplittern bestreut wird. Und was soll ich sagen zum ›Gelato di Campagna‹, einer Art gefrorenem Zuckerkrokant in Pastellfarben, in dem sich deliziös das Aroma von Pistazien mit dem von Mandeln und Vanille vermengt!«

Die Märkte Palermos

Wer die sizilianische Küche wirklich kennenlernen will, der sollte sich ein paar Tage Zeit nehmen, um mit Muße über die Märkte Palermos zu schlendern. In den bazarartigen Gassen der Vucciría, des Borgo Vecchio, Ballarò und Capo wird Tag für Tag eine unglaubliche barocke Fülle an Eßbarem angeboten. Man kann die Insel der Fruchtbarkeit natürlich auch erleben, wenn man von Enna auf die unendlichen Weizenfelder schaut, aber sinnlich beeindruckender ist doch hier die bunte und organische Ordnung, die aus den düsteren Häuserschluchten der Altstadt von Palermo quillt. Das berühmte Gemälde »Vucciría« von Renato Guttuso hat es nur bestätigt: Diese Stände sind, die Sizilianer haben es mittlerweile erkannt, Kunstwerke sui generis, täglich erneuerte Schönheit in einer mit Verfalls- und Schmutzproblemen kämpfenden Stadt. Wie diese Märkte auch eine Lebensform sind, Wohn- und Arbeitsräume zu offener Straße, ästhetische Gemeinschaftsleistung einer faszinierenden und oft verkannten Stadt.

Menschen in Palermo: Der unentwegt brüllende *poliparo*, der jedem Fremden ein Stück frischgebrühten Tintenfisch anbietet, der Verkäufer von Kichererbsenfladen

mit seinem Wagen, der stämmige Thunfischmetzger, der stolz sein Messer präsentiert, der zittrige Alte, der nur selbsteingelegte Oliven und Wildkräuter verkauft. Der Obsthändler ist auf seinem Stühlchen eingenickt und läßt sich auch nicht durch den Karren mit dem Madonnenbild, der unter Läuten durchs Gewimmel bugsiert wird, wecken. An seine Waage ist mit Gummiband ein Christusbild geheftet. Und nebenan verkauft eine fluchende Signora mit ihren beiden Töchtern das warme, außen dunkle und innen goldgelbe Sesambrot aus Monreale.

Italienische Küche mit toskanisch-venetischer Färbung gehört mittlerweile auch in Deutschland fast zum Standard. Produkte wie *radicchio*, *rucola*, *mascarpone*, *aceto balsamico* oder *vin santo* haben hier schon längst den Weg bis in die Supermärkte gefunden. Für die sizilianischen Zutaten gilt dies noch lange nicht, Süditalien, der

Mezzogiorno, wird auch kulinarisch kaum als eigenständige Einheit gewürdigt. Sizilianisch kochen kann außerhalb Siziliens manchmal recht schwierig werden, denn selbst die Basiszutaten sind schon auf dem italienischen »Kontinent« nur schwer zu bekommen: Die *ricotta* aus Schafsquark lebt von ihrer Frische und wird in dieser Güte praktisch nicht exportiert, Käsesorten wie der milchig schmeckende *tuma* oder der helle *pepato* mit großen Pfefferkörnern und besonders die als Reibekäse verwendete *ricotta salata* sind nur schwer aufzutreiben. Ein veritables Problem bildet der *finocchietto di montagna*, der würzige Wildfenchel, der die Basis ungezählter sizilianischer Gerichte bietet und für eine Hirtengesellschaft immer leicht zu pflücken war. Ganz zu schweigen von exotischeren Funden wie den meterlangen *zucche*, hellgrünen Riesenzucchini, riesigem violettem oder giftgrünem *bastardo*-Blumenkohl oder Fischspezialitäten wie getrockneter *bottarga di tonno* (Thunfischrogen), frischem *lattume di tonno* (Thunfischmilch), der silberglitzernden *spatola* (Degenfisch) oder den eßbaren Seeigeln (*ricci*).

Ein Gang über die Märkte erschließt nicht nur eine überwältigende Geräusch- und Farbenkulisse, sondern er macht auch mit der gastronomischen Eigenständigkeit einer eher unentdeckten und doch ungeheuer produktiven und kulinarisch autarken Region bekannt. Sizilianische Entdeckungen – die Liebe zu Sizilien kann hier beginnen.

29

Hostaria Mamma

Jeder wünscht sich eine, kaum jemand kennt noch eine. Die Rede ist von der berühmten Mamma, der wahren Seele der italienischen Küche. In Palermo, der Hauptstadt der matriarchalischen Insel Sizilien, die jahrtausendelang machtvollen Muttergottheiten für Fruchtbarkeit dankte, erfüllt sich ein Mythos im Alltag. Die Rede ist von Mamma Carmela, schön, stattlich und stark, die fernab der touristischen Trampelpfade eine Markttrattoria vom alten Schlag führt. Wer hier auf dem Mercato del Borgo Vecchio, zwischen den öden Hafenanlagen und dem Politeama Garibaldi, zwischen den Fruchtständen und den im Freien brutzelnden Fischen einkehrt, fühlt sich sofort aufgenommen. Auf den Tischen Plastiktischdecken, wie es sich in einer *Trattoria Popolare* gehört, und Papierservietten, säuberlich gefaltet in Gläsern. Die Großfamilie, Gatte Bernardo mit drei der sechs Töchter, und ein paar Freunde aus dem Viertel sitzen am Küchentisch, Gemüse putzend. Die anderen Sippenmitglieder lassen sich fotografiert an der Wand bewundern, was ein erstes Gesprächsthema mit Mamma Carmela garantiert. Frisches Sesambrot auf dem Tisch, dazu eigener bernsteingelber Wein (*vino marsalizzato*) und ernsthafte Beratung des Primo: *spaghetti alla carrettiera*, die einst die Fuhrleute auf Reisen mit dem Knoblauch und der Paprikaschote aus der Tasche anmachten, *spaghetti alle vongole, spaghetti con broccoli* oder *con le sarde*. Zaudernde dürfen in die Küchentöpfe schauen, wo die verschiedenen *sughi* köcheln und wo in der hintersten Ecke ein arg ramponierter *pupo*, ein Marionettenritter baumelt. Aber eigentlich ist es eine klare Wahl. *Pasta con le sarde*, die arabisch-palermitanische Spezialität, von der schon Ernst Jünger 1929 schwärmte, muß

Pasta alla carrettiera
Pikante Nudeln auf Fuhrknechtsart

Für 4 Personen

400 g Spaghetti
2 Knoblauchzehen
Olivenöl
1 kleines Bund glatte Petersilie
1 Messerspitze *peperoncino macinato* (grobgemahlene getrocknete Peperoni)

Die Spaghetti *al dente* kochen. In einer tiefen Pfanne den gehackten Knoblauch auf niedriger Flamme ganz leicht in Olivenöl anbraten (er muß weiß bleiben), gewiegte Petersilie und *peperoncino* hinzufügen. Nudeln in der Pfanne schwenken und sofort servieren.

Pasta con broccoli in tegame
Nudeln mit Blumenkohl
(Spezialität aus Palermo)

Für 4 Personen

400 g Spaghetti
1 Blumenkohl (möglichst
    violetter *bastardo*)
1 Zwiebel
Olivenöl
75 g Pinienkerne
75 g kleine Sultaninen
4 Anchovis
Salz und Pfeffer

Den Blumenkohl in leicht gesalzenem Wasser nicht zu weich kochen und herausnehmen, die Brühe aufbewahren. Die kleingeschnittene Zwiebel in Olivenöl anbraten, die Pinienkerne und die eingeweichten Sultaninen hinzugeben. Dann den gewürfelten Blumenkohl dazuschütten und mit etwas Brühe, Pfeffer und den zerkleinerten Anchovis einkochen. Die Spaghetti in der restlichen Brühe kochen und in der Pfanne mit dem Blumenkohl vermengen. Sofort servieren!

man einfach hier essen – jedenfalls in den Monaten April bis Juni, wenn die Sardinen besonders zart sind:

»Die Mahlzeit gibt eine Quintessenz der Landschaft; zu ihr vereinen sich die Fische des Meeres mit dem reinen Mehl, dem Saft der Ölfrucht und den getrockneten Trauben der fruchtbaren Ebene, während Fenchel und Piniensamen die Würze der Berge hinzufügen ...«

Wir sind am Markt, hier arbeitet man hart, hier ißt man ordentlich. Mamma Carmela ist aus der Küche aufgetaucht, mit einer Platte Muschelnudeln: Die einheimische Gesellschaft am Nachbartisch meint, davon müßten wir unbedingt einen Happen probieren, *un po', solo un po'*. Die *vongole* sind fangfrisch, direkt vom Stand. Wie der Fisch, der als *secondo piatto* kommt. Der Kauf des Tages, *spada* (Schwertfisch), *tonno* (Thun), *cernia* (Zackenbarsch) oder

Involtini di pesce spada
Gefüllte Schwertfisch-röllchen

Für 4 Personen

800 g Schwertfisch in dünnen
    Scheiben
200 g Semmelbrösel
40 g Pinienkerne
40 g Sultaninen
40 g Kapern (in Essig)
50 g große grüne Oliven
50 g abgelagerter Pecorino
1 Bund Basilikum
Olivenöl
Salz und Pfeffer
Lorbeerblätter
4 Holzspießchen (etwa 15 cm
    lang)

150 Gramm Semmelbrösel mit
den Pinienkernen, den Sultaninen, den Kapern, den gehackten
Oliven, dem geriebenen Pecorino, dem gewiegten Basilikum,
etwas Olivenöl, Salz und Pfeffer
vermengen. Die Schwertfisch-
scheiben zur Hälfte dick mit der
Masse bestreichen und zu Röll-
chen drehen, die in den restlichen
Brösel gewendet und zu dritt
oder viert mit Lorbeerblättern
auf die Holzspießchen gesteckt
werden. Leicht pfeffern, einölen
und etwa 10 Minuten grillen.
Das gleiche Rezept kann auch für
Kalbfleisch-*involtini* verwendet
werden, wobei man besser die
Kapern wegläßt und das Basilikum durch Petersilie ersetzt.

eine *frittura mista* aus gebackenen Tintenfischen und Krabben.
Und wer die Namen nicht versteht, darf wieder in den Kühlschrank schauen oder sich doch für kleine gefüllte Kalbsröllchen
(*involtini*) am Holzspießchen entscheiden. Inzwischen fährt
draußen ein Ragazzo mit Handkarren vorbei, aus dessen Laut-
sprechern sizilianische Schlager schallen: ambulanter Kassetten-
verkauf zu günstigen Schwarzmarktpreisen. Die Schwertfisch-
scheibe ist groß und duftet herrlich, der Großvater am
Nachbartisch hat in Deutschland gearbeitet, 1958, in Sindelfingen;
ob der Wein gut ist? Er ist es. Plötzlich taucht eine *cassata* auf, vom
Jüngsten aus der Pasticceria auf dem Markt besorgt. Ein Espresso?
Leider, das haben einfache Trattorie nicht, aber nachher, ein paar
Schritte weiter, ist eine Bar. Und einstweilen noch ein Schluck
Amaro Averna, der herbe sizilianische *digestivo* aus Caltanissetta.
Il conto, die Rechnung? Gerechnet wird nicht. Ein Lächeln, fast

Lattume di tonno fritto
Panierte Thunfischmilch

Für 4 Personen

600 g Thunfischmilch in Scheiben (in Sizilien im Mai/Juni
  erhältlich, Geschmack
  erinnert an Kalbsbries)
1 Eigelb
150 g Mehl
Olivenöl
Salz
2 Zitronen

Die Thunfischmilchscheiben
salzen, in Eigelb und Mehl panie-
ren und in Olivenöl ausbraten.
Jeweils mit einer halben Zitrone
als Hauptspeise servieren.

als ob es Sache des Gastes wäre, den angemessenen Betrag für soviel Gastfreundschaft festzusetzen. Dann ein fairer Preis – in Taormina würde man für den Fisch alleine soviel bezahlen. Unbedingt
noch vom selbstgemachten Citronella (Zitronenkraut)- oder Erd-
beerlikör kosten vor dem Abschied mit Küßchen von »zu Hause«.
Freitags, meint Mamma Carmela, die hier seit 1968 herrscht, freitags müßten wir wiederkommen. Denn dann kocht sie immer
couscous, die aus Tunesien stammende Spezialität, aber wie es in
Trapani üblich ist, mit Fischsud. Oder noch besser heute abend.
Denn bei Carmela ist bis nach Mitternacht immer etwas los,
kommt viel Jugend, aber auch die Leute vom Theater und der
Presse zu späten Gelagen und Gesprächen.

Antica Focacceria S. Francesco

Nichts gegen Fast food, wenn es Tradition hat. In Palermo muß
man keine deutsch-amerikanisch-neapolitanische Pizza essen, es
gibt eigenes. Denn Bedarf an schnellem, billigem und sättigendem
Essen gab es im Sizilien der Armen und Arbeiter immer. Brot, Öl,
Knoblauch, eine Tomate und mit Glück ein Stück Käse waren
jahrhundertelang fast die einzigen Nahrungsmittel der Tagelöhner. Nudeln aus Eiern und Mehl konnten sich nur wenige leisten.
Dafür vielleicht einen in schwimmendem Fett ausgebackenen Kichererbsenfladen auf Brot. Oder die legendäre *arancina*: Ein trotz
des Namens selten orangen-, sondern meist birnenförmiger Kloß
von in Tomatensaft gekochtem Reis, gefüllt mit ein paar Erbsen
und einem winzigen Kuttelfetzen. In Bröseln gewälzt und dann
goldorangenfarben in einer *friggitoria* in Öl gebacken.

An richtiges Fleisch war nicht zu denken. Nur Eingeweide waren
für die Masse der Großstadtbevölkerung erschwinglich: Milzbrötchen, *pani ca'meusa*, sind noch heute eine Marktspezialität.
Auf der Vucciría, dem farbigsten Marktplatz im *ventre di Pa-*

Meusa (Milza)
Palermitanische Milz

Für 4 Personen

500 g Kalbsmilz
250 g Kalbslunge
2 Knoblauchzehen
1 Zitrone (unbehandelt)
2 Stangen Staudensellerie
50 g Schweineschmalz

Die blättrig geschnittene Milz
und Lunge in Salzwasser mit
1 gestiftelten Knoblauchzehe, der
geviertelten Zitrone und der gewürfelten Selleriestange 30 Minuten kochen. Dann das Fleisch
herausnehmen und in der Pfanne
mit Schweineschmalz und 1 gehackten Knoblauchzehe schmoren.
Am besten in Milch- oder Sesam-
brötchen mit Schafs-*ricotta* und
langen Spänen von geriebenem
Caciocavallo-Käse servieren.

lermo, wird die blättrig geschnittene Kalbsmilz vermischt mit *pru-
muni* (Lunge) und geschmort in Schweineschmalz aus großen
dampfenden Kesseln geschöpft wie eh und je, Zitronensaft und
grobkörniges Meersalz geben die Würze im Sesam-*panino*. Kenner schwören auch auf die Milzbude direkt am Cala-Hafen, bei
der Kirche S. Maria della Catena, vor der sich immer wieder Ver-
kehrsstaus chaotisch parkender Kunden bilden.

Doch die stilechteste Möglichkeit besteht gegenüber der Kirche
S. Francesco, am Rande der Kalsa, des uralten Hafenviertels, dessen unregelmäßiges Gassennetz noch auf das 10. Jahrhundert
zurückgeht, als das Palermo der Kalbitenemire eine Weltstadt mit
über hundert Moscheen war. Eine Gegend, die Vorurteile bestätigt: viele Arbeitslose, Kinder, die inmitten von Abfall Fußbäl-
len nachjagen, Wäscheleinen. Der Caravaggio, der das Rokoko-
Oratorium S. Lorenzo schmückte, ist weg. Gestohlen, Kunstraub
mit Geschmack wie zu Zeiten des römischen Prätors Verres.

Die Focacceria S. Francesco ist noch da. Purer Liberty-Jugendstil,
die *meusa* dampft im polierten Bottich, auf der Marmortheke sind
Bleche mit *focaccia* und *sfincioni* (belegte Ölkuchen) ausgestellt.
Deckenventilator, Batterien von Weinflaschen hinter weißen Git-
tern, bunt verglaste Scheiben. Das Publikum ist bunt gemischt:
Vom Bettenhändler nebenan bis zu hungrigen *ragazzi*, vom alter-
nativen Altstadtschwärmer bis zu Hausfrauen mit Einkaufstüten
und dem hinter der Zeitung versunkenen Advokaten, der sich
durch vorbeiknatternde Motorräder nicht stören läßt. Ein Stück
Palermo, das sich selbst hilft. Qualität und Ästhetik im Schnell-
imbiß, und auf die Milz gibt's noch einen Schlag *ricotta* oder
Reibekäse: *maritata*, verheiratet heißt sie dann. Auch die Ordens-
kirche S. Francesco mit dem filigranen Rosenfenster hat nach-
gezogen. Der Innenraum ist nach den Bombenschäden von 1943
wieder restauriert, und manchmal kann man durch die Fliegen-
fäden der Imbißhalle strahlendes Weiß sehen. Denn die Palermitaner lieben die Kulisse der hergerichteten Piazza für videogerechte
Altstadttheiraten.

Antica
Trattoria del Arco

Francu u'
Piscaturi

Sonntags in Palermo? Eine verödete Stadt. Wer kann, fährt hinaus. Natürlich nicht zum Wandern, sondern zum Mittagessen. Einer der Wunschplätze, Garantie für einen erfüllten Sonntag, ist die Terrasse von Francu u' Piscaturi im Fischerhafen Porticello, direkt mit Blick auf die Kutter.

In der geräumigen Trattoria direkt neben dem Bogendurchgang der Marina feiert die traditionelle sizilianische Fischküche Triumphe. Schon im Eingang sind wie bei einem Marktstand Holzkisten voller Fische, *gamberoni* und Langusten gestapelt. Hier beginnt man gern mit einem *antipasto di pesce crudo*, neuitalienisch auch als *carpaccio di pesce* bezeichnet. Man schlürft aufgeschlagene blutrote Seeigel, die als Aphrodisiakum gelten und ißt dazu einen

39

Spaghetti ai ricci
Spaghetti mit Seeigeln

Für 4 Personen

400 g Spaghetti
50 Seeigel
2 Knoblauchzehen
1 Bund Petersilie
Olivenöl
Salz und Pfeffer

Die Seeigel mit einem Messer öffnen und die rötlichen Eier im Inneren herauslöffeln. In einer Pfanne die gehackten Knoblauchzehen und die feingewiegte Petersilie in Olivenöl schwenken, das Seeigelfleisch hinzugeben, pfeffern und auf schwacher Flamme 4 Minuten köcheln. Die Spaghetti kochen und in der Pfanne mit den Seeigeln vermengen (*saltare in padella*). Sofort auf den Tisch bringen.

Teller mit ausgelösten Krabben, winzigen schleimigen Glasaalen und Schwertfischtatar, das Ganze mit Limone und Olivenöl mariniert. Kein Wunder, daß japanische Fischfeinkosthändler, die wegen der besonders guten (von Quecksilber unbelasteten) sizilianischen Schwert- und Thunfische immer häufiger auf die Insel kommen, die leichte Küche von Francu sofort begeistert gefeiert haben. Denn erstklassiger roher Fisch ist auch der Stolz der japanischen Speisekultur. Jedes Jahr fährt Francu mittlerweile zwei bis drei Wochen in japanische Luxushotels, um dort die sizilianische Fischküche vorzuführen, sogar Sumoringer lieben seine Fischkreationen, erzählt Padrone Francesco Crivello, während er sich die Kochschürze umbindet, um persönlich die Küche zu leiten. Der *sicilianità* des Platzes haben diese Kontakte keinen Abbruch getan. Im Gegenteil, man hält hier im Gastronomischen sogar auf sizilianischen Dialekt:

Lu Pisci rissi un ghiornu a lu Signuri
Quannu veni lu tempu c'haiu a lassari u mari
pi farimi sarvari u me sapuri
fammi 'ncuntrari a Francu u' Piscaturi
                Michelangelo Balistreri

(Der Fisch sprach eines Tags zum Herrgott:
Wenn die Zeit kommt, daß ich das Meer verlassen muß,
Um mir mein Aroma zu erhalten
Mach, daß ich Franco den Fischer treff'.)

Ein sentimentales süditalienisches Rührgedicht, aber der Wahrheit nahekommend. Echt sizilianisch ist auch das Antipastobuffet: mit Pinienkernen, Zibibbo-Rosinen und Semmelbröseln gefüllte *sarde a beccaficco*, *bocconi* genannte grünliche Meerschnecken, kleine Tintenfische (*polipetti*) in allen Varianten, *melanzane alla parmigiana* und *zucchini all'agrodolce*, Auberginen und süß-saure Zucchini. Oder doch Francos Vorspeisenklassiker *mare blu*? Ein Tris aus blättrig geschnittenem, in Salzluft getrocknetem Thun-

Linguine con spada e menta

Bandnudeln mit Schwertfisch und Minze

Für 4 Personen

400 g *linguine* (schmale
  Bandnudeln)
500 g Schwertfisch
1 Knoblauchzehe
Olivenöl
1 Bund Minzblätter
Salz und Pfeffer

Die gehackte Knoblauchzehe in Olivenöl anbraten, den in Stückchen geschnittenen Schwertfisch und Minzblätter dazugeben, salzen und pfeffern und bei geschlossenem Deckel 10 Minuten garen lassen, dann von der Flamme nehmen. Den Fisch mit dem Holzlöffel zerdrücken und über die *al dente* gekochten *linguine* geben.

fischrogen, geräuchertem Schwertfisch und selbsteingemachtem Thunfisch in Olivenöl. Allmählich stellt sich auch die Weinfrage. Zu einem Fischfestmahl wie bei Francu wählen Sizilianer Flaschenweine. Donna Graziella, die blond und apart über den Speisesaal wacht, während ihr Gatte mit der Küchenequipe zaubert, empfiehlt den schlanken Corvo Colomba Platino aus dem nahen Casteldaccia, einen Regaleali Nozze d'Oro des Fürsten Tasca d'Almerita oder einen der immer besser werdenden Weißweine von Alcamo. Die Schar der flitzenden Kellner, verrät sie stolz, ist mit ihren Söhnen durchsetzt. Einer heißt auch schon wieder Franco.

Der *primo piatto*, der Nudelgang, verlockt mit sonst nicht leicht erhältlichen Spezialitäten wie *spaghetti alla bottarga di tonno* (mit Thunfischrogen) oder mit einer Sauce, die aus Schwertfischstückchen und Minzblättern gewonnen wird.

41

Fritelle di neonati
Glasaalomeletts

Für 4 Personen

800 g Glasaale
2 Eier
1 Bund Petersilie
Olivenöl
1 Zitrone
Salz

Die Eier mit 1 Messerspitze Salz
und der sehr fein gewiegten
Petersilie schaumig schlagen.
Die Glasaale daruntermengen. In
einer Pfanne reichlich Olivenöl
erhitzen und jeweils einen
großen Eßlöffel der Masse in die
Pfanne geben. Die Mini-Ome-
letts auf beiden Seiten goldbraun
braten und heiß (zumeist als
Vorspeise) mit Zitronenspalte
servieren.

Die Muscheln, *vongole* und *cozze*, kommen aus eigenen *vivai*
(Zuchtbecken), wer keinen gegrillten Fisch will, kann auf die *alla
palermitana* panierte *ricciola* (Adlerfisch), fritierten *capone*
(Knurrhahn, Meersau) oder die *alla ghiotta* genannte Zubereitung
mit Kapern-Tomatensauce ausweichen.

Hier am Hafen sollte ein richtiger *pranzo* lange dauern, man ist
schließlich hinausgefahren, um die Terrasse zu genießen und den
Nachmittag auf ihr zu verbringen. Ein *dolce*, Wassermelonen-
creme oder eine Mandeltorte? Besser etwas leichteres, Walderdbeeren (*fragolini*) auf Limonensorbet. Es wartet ja noch der Caffè
und der Amaro, der Magenbitter, der kanonisch ein solches Mahl
abschließt.

Und wer wirklich meint, an so einen perfekt verbrachten Tag
noch ein Besichtigungsprogramm anhängen zu müssen, dem stehen verlockende Möglichkeiten in nächster Umgebung offen. Die
Barockvillen von Bagheria mit den aus Tuff geschlagenen Mon-
stern des Fürsten Pallagonia und den Gemälden Renato Guttusos
oder die Ausgrabungen von Solunto auf dem luftigen Vorgebirge
Capo Zafferano, hoch über dem Meer. Palermitaner allerdings hü-
ten sich eher vor solchen Übertreibungen. Ihnen genügt der Kos-
mos der Speiseterrasse von Francu u' Piscaturi.

Il Vecchio Frantoio

Agroturismo heißt das neue Zauberwort der sizilianischen Küche: wohnen, essen, entspannen auf dem Land. Auf der Insel, deren Strukturen jahrhundertelang durch Feudalbesitz und Latifundien gekennzeichnet waren, heißt das meistens nicht auf dem Bauernhof, sondern auf Landgütern (*masserie*). Was im Süden weit zögerlicher anlief als in der Toskana oder Umbrien, ist in der zweiten Hälfte der neunziger Jahre zu einer breiten Bewegung und Hoffnung geworden, bei der neue Arbeitsplätze auch im Inneren der Insel entstehen. Denn hier präsentiert sich ein anderes Sizilien als das der ermüdenden Klischees. Die Insel der Fruchtbarkeit, die schon die antiken Griechen priesen, die Insel mediterraner Gastfreundschaft, ein ehrenhaftes Land grundsolider Leistung.

Essen auf dem Land, mit Familienanschluß, mit eigenen frischen Produkten – und das zu moderaten Preisen. Ein Ideal, das viele anstreben und einige wenige perfekt verwirklichen.

Tortino di melanzane
Auberginentorte
(Palermitanisches Adelsrezept)

Für 4 Personen

4 große Auberginen
Olivenöl
Butter
300 g gekochter Schinken am
   Stück
300 g Provoletta (oder
   Mozzarella)
1 Bund Basilikum
4 Eier
100 g frisch geriebener
   Parmesan
Salz

Die Auberginen in 1 Zentimeter
dicke Scheiben schneiden, mit
Salz bestreuen und 1 Stunde ziehen lassen. Anschließend unter
kaltem Wasser abspülen, trocken
tupfen und in Olivenöl goldbraun braten. Dann eine runde
niedrige Torten- oder Pudding-
form mit Loch in der Mitte (am
besten nichthaftendes Material)
mit Butter einfetten und mit der
Hälfte der Auberginenscheiben
auslegen (auch entlang der Ränder). Die Form mit kleinge-
schnittenem Schinken, Käsewür-
feln und Basilikumblättern
auffüllen und mit den restlichen
Auberginen abdecken. Die Eier
mit Parmesan verrühren und
über die Torte gießen. Im Backofen bei 180–200 Grad 30 Minuten backen. Die Form stürzen
und die Torte lauwarm oder kalt
servieren.

Pasta con la fritedda
Nudeln mit frischen Hülsenfrüchten
(Madonienspezialität)

Für 4 Personen

400 g Pasta (am besten *mezze penne* bzw. *maccheroncini corti*)
1 weiße Zwiebel
Olivenöl
200 g frische Erbsen (Schälgewicht)
200 g kleine frische Saubohnen (Schälgewicht)
1–2 kleine Bund *finocchietto di montagna* (Wildfenchel, sehr schwer erhältlich, vom Aroma besser durch Dill als durch normales Fenchelkraut zu ersetzen)
Salz und Pfeffer
100 g Pecorino

Die kleingehackte Zwiebel in Olivenöl in einer Kasserolle glasig braten. Die Erbsen, die Saubohnen, den gewiegten Wildfenchel und 1 Glas Wasser hinzugeben. Mit Salz und Pfeffer würzen. Dann etwa 30 Minuten auf kleiner Flamme köcheln lassen, bis das Wasser verkocht ist. Inzwischen die Nudeln *al dente* kochen und abgießen. Die Pasta mit dem Gemüse in einer Schüssel vermengen und einige Spritzer Olivenöl dazugeben. Am besten mit frisch geriebenem Pecorino servieren.

Beispielsweise die Ölmühle Il Vecchio Frantoio, inmitten von Oliven in einer Masseria auf einem Hügel unterhalb von Polizzi Generosa gelegen. Hier ist man in guten Händen. Sizilianischer Landadel, unprätentiös, herzlich, qualitätsbewußt. Meistens wird man von Spartaco, einer ebenso sanften wie elefantösen grauen Dogge begrüßt. Signor Mario Cipolla, dessen Vorfahren Bürgermeister von Polizzi und Caltavuturo waren und den seine Eltern einst aus Furcht vor einem Kidnapping durch Salvatore Giulianos Bande in ein Schweizer Internat in Sicherheit brachten, hat sein Wanderleben noch nicht ganz aufgegeben. Nur pendelt er heute zwischen den Olivenhainen, den eigenen Weinbergen in der Contrada Cugno Santo und der Palermitaner Stadtwohnung. Und auch Signora Cipolla, begnadete Köchin und Seele des »Restaurants«, die mit Stolz den bourbonischen Vornamen Maria Cristina trägt, ist keine eingleisige Dame. Während der Woche unterrichtet sie Französisch oder bekocht die Damen des Palermitaner Bridgeclubs in ihrem Strandhaus in Bagheria.

Doch an den Wochenenden lebt die Masseria, die sonst von Sohn Corrado und einheimischen Olivenarbeitern gehütet wird, auf. Aus Palermo, Enna oder sogar Catania kommt man zum Essen und Feiern – mit Familie und Freunden. Erst vielleicht ein Blick in die Kapelle, dann in den alten Cortile, dessen rustikale Architektur sogar zum Logo der Hinweisschilder des Madonien-Naturschutzparks geworden ist. Gute Freunde dürfen auch die jahrhundertealten Keramikkrüge aus Caltagirone besichtigen, in denen einst das Olivenöl frischgehalten wurde.

Hier gibt es auch eine regelrechte *Hall*. Der hohe alte Mahlraum mit der Lavapresse wurde restauriert, Antipasti wie *caponata*, Auberginentorte, Madoniensalami oder frischer Bergkäse (*tuma*) sind aufgetischt. In den langen Sofas kann man eine Weile versinken, bis Signora Maria Cristina ins große rustikal-gepflegte Speisezimmer bittet. Nun braucht man viel Zeit, denn als eiserne Regel gilt: mindestens zwei Primi, mindestens zwei Secondi. Maria Cristinas Spektrum reicht von den grundsoliden Bauern- und Hirtengerichten der Madonie bis zur adligen Gattopardo-Küche. Schon oft haben ihr Damen der Gesellschaft gesagt, bei ihr hätten sie die *antichi sapori dell'infanzia*, die verschwundenen Geschmäcker der

Kindheit, wiedergefunden. Was auch immer aufgetischt wird, von den Saubohnen und den fenchelgewürzten Nudeln bis zum kräftig schmeckenden Hühnerfleisch in Knoblauch-Zitronen-Sauce, von den Artischocken bis zum geschmorten Lamm, es kommt aus eigenem Anbau oder direkt aus der näheren Umgebung. Selbst die Eier in der aufwendigen, mit Schinken und Kalbfleisch gefüllten Fleischpastete: Der sizilianische Name *falso magro* ist übrigens eine Verballhornung aus dem französischen *farci*. Eigengewächs sind die kleinen süß-herben Aprikosen, die vor dem Fenster wachsen und der Rotwein, den Signor Cipolla selbst kreiert hat, piemontesische Barbera-Trauben mit sizilianischen Reben verschneidend. Oder die überwältigende Mandarinenkonfitüre, die Donna Maria Cristina manchmal verkauft und die aus der kostbarsten aller einheimischen Sorten, den spät bis in den April reifenden *tardivi di Ciaculli*, gekocht wird. Das *pranzo* wird jedenfalls zum Tagesprogramm. Tochter Maria Sofia, zur Verstärkung aus Palermo angereist, reicht Caffè und Ricottatorte im Freien oder in der Halle, wo sich einige Damen auf den langen Diwanen nunmehr fast wie auf Speisesofas rekeln, die Plaudereien gehen bis in den frühen Abend, ein idealer Sonntag *in campagna*. Für Erschöpfte Gästezimmer vorhanden.

Gelo di melone
Palermitanisch-arabische Melonenspeise

Für 4 Personen

500 g Wassermelone
1 Zimtstange
1 Handvoll Jasminblüten (oder Holunderblüten)
75 g Zucker
40 g Speisestärke
Bitterschokoladensplitter
grüne ungesalzene Pistazienkerne

Das Fruchtfleisch der Wassermelone durch das Sieb passieren, so daß nur klarer Saft übrigbleibt. Die Zimtstange und die Jasminblüten dazugeben und über Nacht ziehen lassen.
Am Morgen von neuem passieren, dann Zucker und gut aufgelöste Stärke zugeben. Auf den Herd stellen und rühren. Wenn die cremeartige Masse zu kochen beginnt, in Formen füllen und erkalten lassen. Im Kühlschrank kühlen und mit Bitterschokoladensplittern, den gemahlenen Pistazien und jeweils 2 Jasminblüten servieren.

Romitaggio
S. Guglielmo

Wen es nach Castelbuono verschlägt, der weiß, was er sucht. Jedenfalls keine Sizilienklischees von azurner Meeresküste und mediterraner Leichtigkeit wie unten im weißgekalkten Badeort Cefalù mit der kubischen Normannenkathedrale. Castelbuono, grau, eng, steil und voll diskutierender Männerrudel wie in den Neorealismo-Filmen der fünfziger Jahre, gilt als Tor zu den Madonie. Ein Kalkstein- und Dolomitmassiv rauher, verkarsteter Fastzweitausender, durchstreift von Ziegen- und Schafherden. Hirten (*pecorari*) die wie zu den Zeiten Polyphems und der Sikuler nach der Schlachtung der 40tägigen Lämmer von Ende Oktober bis Juni selbst *ricotta*-Quark kochen und bei Nebelregen Unterschlupf in einem der urtümlichen *pagliari*, einer wasserdichten Strohhütte, suchen.

Trotz sizilianischem Alpenverein und kamingeheizten Schutzhütten, die meisten Besucher zieht es nicht so hoch hinauf. Der klassische Gast in Castelbuono kommt aus Palermo, und er kommt samstags oder sonntags mit dem erklärten Ziel, ein ausgiebiges *pranzo in montagna* einzunehmen und dann der rauhen Bergwelt wieder den Rücken zu kehren. Die saisonale Auswahl ist verlockend. *Castrato*, das Fleisch der über zehn Monate alten Lämmer, ist am aromatischsten zwischen Mai und Oktober, wenn die Tiere das würzige Trockengras der Bergweiden abgrasen. Zicklein (*capretto*) wird hingegen bevorzugt zwischen Februar und Ostern angeboten. Doch neben der vorzüglichen lokalen Käse- und Weinproduktion hat vor allem eine Delikatesse die Bergstadt mit dem riesigen Kastell der Grafen von Ventimiglia zu einem kulinarischen Anziehungspunkt gemacht. *Funghi*, Pilze aller Art, die hier im regenreichen Klima in den dichten Mischwäldern vom Mai bis in den kalten Oktober hinein sprießen, darunter der hochgeschätzte *basiliscu*, dessen Preis inzwischen über dem des Steinpilzes (*funghi porcini*) liegt und allmählich zum Trüffel aufschließt. Benannt ist die weißfleischige Delikatesse, die nur wenige Wochen im Mai wächst, nach der Steckkrautpflanze, in deren Nachbarschaft sie bevorzugt gedeiht.

Die Einsiedelei Romittaggio S. Guglielmo, hoch über Castelbuono am Fuße der Bergwälder von Piano Sempria gelegen, ist das stimmungsvollste dieser Pilzlokale. Manchmal finden im Kreuzgang sogar Konzerte statt: Die alte Abtei S. Maria del Parto wurde 1366 durch päpstliches Breve an der Stelle gegründet, wo der Lokalheilige Fra Guglielmo Gnoffo da Polizzi in seiner Klause gefa-

Carciofi ripieni
Gefüllte Artischocken

Für 4 Personen

4 Artischocken
50 g Semmelbrösel
50 g abgelagerter Pecorino
1 Bund Petersilie
2 Anchovis
20 g Kapern
Olivenöl
2 Knoblauchzehen
1 Glas Weißwein
Salz und Pfeffer

Die Artischocken waschen, den Stiel abschneiden und sie mit der Spitze nach unten auf den Tisch schlagen, damit sich die Blätter spreizen. Die Brösel mit dem geriebenen Käse, der gehackten Petersilie, den passierten Anchovis, dem kleingehackten Knoblauch, den Kapern, Salz, Pfeffer und 2 Eßlöffeln Olivenöl vermengen. Die Artischocken mit der Spitze nach oben in eine möglichst enge Backform stellen und die Artischocken mit der Masse füllen. Mit Olivenöl beträufeln und 40 Minuten bei mittlerer Hitze im Ofen backen. Nach 20 Minuten mit dem Wein übergießen.

stet hatte. 1860 säkularisiert, diente sie verschiedenen Zwecken, unter anderem als Tanzdiele, bis 1981 zwei *ragazzi* aus Castelbuono beschlossen, den Kreuzgang und die dunklen Dolomitgewölbe für ein Speiselokal mit unverfälschter Madonienküche zu nutzen. Lino Conoscenti, der mit zehn Jahren in einer *pasticceria* zu arbeiten begann, und Salvatore (Turi) Baggesi drückten einst die gleiche Schulbank und streiften als Pfadfinder durch die Wälder, eine Leidenschaft, der sie bis heute frönen.

An den Wänden hängen zwischen verstaubten Weinflaschen Schwarzweißfotografien zu alten, aber noch nicht ganz ausgestorbenen Handwerksberufen: Weberinnen, Berghirten, Köhler und die Mannaernte, die einst halb Castelbuono Lohn und Brot gab. Denn der nach Kokoszucker schmeckende Saft, der aus dem geritzten Stamm der nur hier und im Nachbarort wachsenden Mannaesche austritt, war früher nicht nur der Zucker der armen Leute, sondern wurde auch von den Apothekern teuer bezahlt. Meist kramt Lino ein Stück Manna für Neugierige zum Anschauen und behutsamen (!) Kosten hervor.

Frische Pilzhüte, deren festes Fleisch durch die typische Kräuterpanade durchschmeckt, *napruddi*, fritierte Köpfe von Wilddisteln, Artischocken aus Cerda, gebratener Kürbis oder dünne knusprige *ticelle*, im Holzofen gebackene Fladen, die mit thymiangewürztem *salsiccia*-Brät bestrichen sind. Oder geröstete *crostini* mit grünen Tomaten und ein Stück Käse, der ja in Süditalien immer Vorspeise ist: würziger *canestrato*, in dessen Rinde sich der Weidenkorb, in dem er reift, eingedrückt hat, die birnenförmige *provola* aus Kuhmilch oder junger *pecorino* mit schwarzen Pfefferkörnern. Dazu ein vorzüglicher offener Rotwein in edlen schlanken Flaschen, leicht nach Cabernet Sauvignon und Kirschen duftend: die Hausmarke der Kellerei S. Anastasia, die sich in fast toskanisch wirkender Hanglage am Ortsrand von Castelbuono erhebt.

Pasta con funghi ohne Experimente: Öl, ein bißchen Knoblauch, Salz und Pfeffer und eventuell eine Messerspitze Butter, das genügt, um das volle Aroma der Pilze zu entfalten. Kostbarkeiten wie die fast orangen *ovoli imperiali* (Kaisereierschwämme) würde

Pasta al sugo di castrato
Nudeln mit Hammelfleisch-Sugo

Für 4 Personen

500 g hausgemachte *maccheroni*
 (oder *tagliatelle*)
750 g Hammelfleisch (grob zer-
 kleinert, mit Knochen)
1 Zwiebel
Olivenöl
1 kleiner Rosmarinzweig
¹/₄ l Rotwein
1 l *passato di pomodoro* (oder
 1 Dose geschälte Tomaten)
100 g Tomatenmark
3 Lorbeerblätter
1 Bund Basilikum
200 g geriebener Pecorino
1 Knoblauchzehe
Salz und Pfeffer

Die Zwiebel fein hacken und in
einer verschließbaren Bratform
mit Olivenöl glasig dünsten. Die
mit Salz und Pfeffer eingeriebenen Fleischstücke mit Rosmarin
bestreuen, ebenfalls in der Form
anbraten und mit dem Rotwein
ablöschen. Dann den *passato di
pomodoro* (bzw. die kleingeschnittenen Tomaten), das Tomatenmark, die kleingeschnittene
Knoblauchzehe und die Lorbeerblätter dazugeben. Die abge-
deckte Form sollte auf möglichst
kleiner Flamme 4 Stunden
köcheln. 30 Minuten vor Ende
der Kochzeit die Hälfte der Basi-
likumblätter kleingewiegt darüberstreuen.
Die Form vom Feuer nehmen
und abkühlen lassen. Das Fleisch
vom Knochen lösen, in möglichst
kleine Stücke zerzupfen und wieder in den *sugo* geben.
Die Pasta al dente kochen und
mit dem erwärmten *sugo* in einer
großen Schüssel anrichten. Das
Gericht mit den übrigen zerzupf-
ten Basilikumblättern und reichlich Pecorino bestreuen.

Capretto alla Madonita
Zicklein auf Madonienart

Für 4 Personen

1 kg Zickleinfleisch (vom
  Metzger zerlegt)
500 g kleine Kartoffeln
4 Schalotten
2 Knoblauchzehen
100 g *pecorino stagionato*
  (reifer Pecorino)
2 reife Tomaten
Olivenöl
1 Rosmarinzweig
Salz und Pfeffer

Die Kartoffeln schälen, die Schalotten und den Knoblauch klein-
hacken, den Käse würfeln, die Tomaten schälen und zerklei-
nern. Alle Zutaten mit dem Fleisch in eine geölte Form geben und etwa 1 Stunde im Backofen schmoren lassen. Vor dem Servieren leicht abkühlen lassen.

Zucca in agrodolce
Gebratener süß-saurer Kürbis

Für 4 Personen

1 kg Kürbis
1 Knoblauchzehe
Olivenöl
einige Minzblätter
30 g Rohrzucker
1/2 Glas Weinessig
1 Bund Basilikum
Salz und Pfeffer

Den Kürbis entkernen, säubern und in Würfel schneiden. Den zerhackten Knoblauch in Olivenöl anbraten, Kürbis, Salz, Pfeffer und Minzblätter hinzufü-
gen. Wenn die Stücke sich zu bräunen beginnen, den Zucker und den Essig darübergeben, durchrühren und in abgedeckter Pfanne abkühlen lassen. Mit kleingerupften Basilikumblättern anrichten.

man sonst nur beeinträchtigen. Als Alternative Hartweizennudeln mit einem kräftigen Hammelragout, das mindestens vier Stunden eingekocht worden ist. Oder *ravioli* mit Senfkraut und *ricotta* gefüllt. Und dann Zicklein aus dem Backofen mit Pecorino, Lamm vom Grill, vorzügliches Kalbfleisch oder ein ambitioniertes *arro-
sto di maiale all'arancio*.

Das Essen nähert sich seinem Höhepunkt: Der Inhalt der riesigen Keramikschüssel, die auf dem Tresen thront, wird angeschnitten. Was jetzt kommt, gibt es nur in Castelbuono, und in jeder Familie, bei jedem Koch schmeckt es anders: Die *testa del turco* (Türken-
kopf), wie die aus Milch, Eigelb und Zitronenschale gekochte Creme in unverhohlenem Puppentheater-Rassismus heißt, ist bei Lino fein mit Zimt bestreut und von erlesen zartem Geschmack. Der süße kirschlikörartige Raboso-Rotwein, der dazu serviert wird, ist eine Hommage an seine Gattin Fernanda, die ihn aus ihrer venetischen Heimat in das Klosterlokal am Fuß der Madonien eingeführt hat.

Wer nach diesen Köstlichkeiten lieber eine ausgedehnte Wande-
rung als einen Spaziergang macht, ist am rechten Platz. Gleich hin-
ter S. Guglielmo beginnen herrliche Bergwälder mit Steineichen, Buchen und baumhohen Stechpalmen. Und die härtesten der harten können sich bis zum Rifugio Francesco Crispi durchschlagen, um dort, 1000 Meter höher, den *caffè* zu nehmen.

La Nassa

Die Äolischen Inseln, der vulkanische Archipel des griechischen Windgottes Äolos, haben ungeachtet aller touristischen Attraktivität ihren Rhythmus und ihre Eigenart bewahrt. Das gilt auch für die Gastronomie, die auf vorzügliche lokale Produkte wie Kapern, Süßwein und Fisch zurückgreifen kann.

Nassa nennt man die aus spanischem Rohr geflochtene Reuse, die die äolischen Fischer seit jeher zum Krustentierfang verwenden. Zwei solcher Langustenkörbe pendeln auf der Terrasse von La Nassa, die von stämmigen weißgetünchten Säulen im jahrtausendealten Pergolastil der Inseln gerahmt wird. Ein Name, der Programm ist und der von Signor Bartolo, dem tadellos gekleideten *padrone* des in der Inselhauptstadt Lipari gelegenen Restaurants, eingelöst wird. Denn trotz aller raffinierten Speisekultur, trotz des erlesenen Weinkellers, trotz höflicher Versuche, durch gelegentliche englische Konversation ein Stück liparotischer Mondänität

Pesce in ghiotta
Fisch in Kapernsauce
(Messinesische Spezialität)

Für 4 Personen

800 g Fisch (z. B. Thunfisch
   oder Goldbrasse)
100 g Kapern
1 weiße Zwiebel
Olivenöl
1 Glas Weißwein
500 g süße geschälte Tomaten
1 Bund Petersilie
Salz und Pfeffer

Die sehr klein geschnittene Zwiebel in reichlich Olivenöl in einer
Bratform anbräunen, bei kleiner
Flamme den Fisch hineinlegen,
nach 2 Minuten wenden und
nach weiteren 2 Minuten mit dem
Wein ablöschen. (Der Fisch darf
nicht braun werden.) Die zerkleinerten Tomaten, die (vorher in
Wasser entsalzenen) Kapern, die
gewiegte Petersilie dazugeben,
mit Salz und Pfeffer ab-
schmecken, abdecken und auf
kleiner Flamme 15–20 Minuten
köcheln lassen. Mit Weißbrot
servieren.

unter Beweis zu stellen, ist Bartolo seinen insularen Wurzeln treu
geblieben. Der Fisch, der hier serviert wird, ist nicht nur absolut
frisch, sondern meist auch selbstgefangen. Denn Bartolo ist ne-
benbei Fischer aus Leidenschaft, legt seinen eigenen Thunfisch in
Öl ein und erzählt mit leuchtenden Augen von seinem Schnell-
boot, mit dem er früh vor Panarea oder Stromboli fangen kann,

Linguine con gamberi e fior di zucca

Bandnudeln mit Krabben und Kürbisblüten

Für 4 Personen

500 g *linguine* (schmale *tagliatelle*)
400 g Krabben (gepult)
8 Kürbisblüten (Zucchini-blüten)
2 kleine Zucchini
1 Zwiebel
50 g Räucherspeck
Olivenöl
20 g Butter
1 kleines Glas Weißwein

Die Kürbisblüten und die Zucchini mit sehr wenig Wasser kochen, pürieren und salzen. Die gehackte Zwiebel und den ge-würfelten Speck in Olivenöl und der Butter anschwitzen, die Krabben dazugeben und nach 4 Minuten mit dem Wein ablö-schen. Das Püree unterrühren und das Gericht warm halten, bis die *linguine al dente* gekocht sind. Dann die Nudeln mit den Krabben in einer Schüssel anrich-ten.

ohne das Ristorante zu vernachlässigen. Sein Publikum dankt es ihm. »Zu mir kommen die Fischer von Lipari, wenn sie einmal im Lokal essen wollen, sie sind meine Freunde, zu mir kommt der Präsident von Ferrari und neulich habe ich dem belgischen König auf seiner Yacht ein großes Glas von meinem Thunfisch geschenkt – er wird sicher auch bald kommen. Wir hatten immer ein gast-freies Haus, als wir das Restaurant aufmachten, haben wir nur so weitergemacht wie bisher. Aber eigentlich verdanke ich alles mei-ner Mutter.«

Donna Teresa, die Frau, die so gut kochen kann, daß es Bartolo, wie er schalkhaft erzählt, nie gelang, eine gleichwertige Frau zu finden. Eine *appassionata* und Gralshüterin der äolischen Küche, bodenständige La Mamma auf Luxusniveau, dabei bescheiden ge-blieben. »Wir waren kleine Leute, aber wir haben immer ordent-lich und gut gekocht. Und dann, 1962, begann es. Mein Mann setzte sich durch, kaufte den ersten Fernseher im Viertel. Und auf einmal hatten wir jeden Abend sechs oder sieben Familien im

'Nnacàtuli liparesi
**Liparisches Mandel-
Rosen-Gebäck**

Für die Füllung:
500 g geschälte Mandeln
500 g Zucker
Zimt
Rosenwasser

Für den Teig:
500 g Mehl
2 Eigelb
50 g Zucker
100 g Schweineschmalz
1 Tüte Vanillezucker

Die Mandeln kurz kochen, im
Mörser zu einer Masse verstamp-
fen. Zucker, Zimt und Rosenwasser einarbeiten, ruhen lassen.
Aus Mehl, Eigelb, Zucker,
Schmalz und Vanillezucker einen
Teig anrühren und ausrollen.
Kreise mit einem Durchmesser
von etwa 6 Zentimetern ausste-
chen und diese zu einem Oval
von etwa 10 Zentimeter Länge
ziehen, eine Hälfte mit der Man-
delmasse bestreichen und dann
zu Taschen zusammenschlagen,
wobei die Ränder gut aufeinan-
dergedrückt sein sollten. Mit einer Gabel anstechen und im Ofen
bei mittlerer Hitze goldbraun
backen.

Hause. Natürlich habe ich etwas für sie gekocht. So entstand die
Idee zum Restaurant. Aber ich koche immer noch wie für die
Familie.«

Diese »Familie der Gäste« ißt jahreszeiten- und fangbezogen.
Wenn im September der Vorrat an eigenem eingelegtem Thunfisch
ausgeht, gibt es *tonno* oder *spada affumicato*, geräucherten Thun-
und Schwertfisch, eine Delikatesse, die bis vor wenigen Jahrzehn-
ten zu den Privilegien baronaler Adelsküchen gehörte. Im Juli
sind die Chancen gut, *frittata alle uova di spada*, zarte Omeletts
mit Schwertfischeiern serviert zu bekommen. Die hausgemachte
Pasta von Donna Teresa wird mit Krabben und Kürbisblüten, mit
äolischem Pesto aus Kapern, frischen und getrockneten Tomaten
oder Muschelsud gereicht. Im Winter werden auch kräftigere Gerichte, wie ein Eintopf aus Kartoffeln, Kapern, Tomaten und getrocknetem *ventre di tonno* (Bauchspeck vom Thunfisch) oder
Stockfisch auf messinesische Art zubereitet. Wer gerade keinen
Appetit auf die frisch gebratenen Fische oder die *zuppa di scorfano*
(Drachenkopfsuppe) hat, sollte auf das lukullische Kaninchen, das
mit Mandeln, getrockneten Orangenschalen und Weinkonzentrat
geschmort wird, zurückgreifen. Nachher *sorbetto di limone* und
süße *cassateddi*, die in ein Glas des hochgeschätzten Malvasia
Hauner von der Insel Salina oder in Bartolos eigenen *passito* ge-
taucht werden.

Spät am Abend, wenn die letzten Gäste zu Freunden werden,
tauscht Bartolo gern sein gestreiftes Manschettenhemd gegen eine
seiner Fischerblusen aus und beginnt zu erzählen. Von seiner Leidenschaft zu den großen Weinen Siziliens, von der Volkstanz-
gruppe, in der die Küchenhilfe Flaminia mitwirkt, oder von den
Geheimnissen der äolischen Familienküche. Etwa ob die Kapern
von Salina oder von Lipari die besten der Welt sind oder vom le-
gendenumwobenen *vino cotto*, der seit Generationen nach alten
Bräuchen erzeugt wird und nicht nur für Süßspeisen wie die man-
delgespickte *spicchitedda*, sondern auch für Schmorhühner und
coniglio verwendet wird: Wer die Regeln der Altvorderen nicht
übertreten will, muß im August, wenn die Reben beschnitten werden, einige Zweige trocknen, verbrennen und die Asche aufheben.
Im Oktober wird dann der frisch gepreßte Most mit dieser Asche
versetzt (etwa 10 Gramm pro Liter) und zunächst auf halbes Volu-
men eingekocht, anschließend durch Leintücher geseiht. Durch
abermaliges Einkochen auf die Hälfte wird der braune Mostsirup

Liparisches Kaninchen auf süß-saure Art

Für 4 Personen

1 zerlegtes Kaninchen
2 unbehandelte Zitronen
1 unbehandelte Orange
50 g Mandeln
5 Lorbeerblätter
1 Zwiebel
3 geschälte reife Tomaten
50 g Pinienkerne
50 g Rosinen
1/2 TL Zimt
Rosmarin
Thymian
100 ml *vino cotto*
Olivenöl
Salz und Pfeffer

Zubereitung von *Vino cotto* siehe S. 56. Wer sich dieser aufwendigen Prozedur entziehen will, kann notfalls auf Zuckerrübensirup zurückgreifen.

Die mit Salz und Pfeffer eingeriebenen Kaninchenstücke einige Stunden im Saft von 1 Zitrone, Salz und Pfeffer marinieren. Die Schale der Orange und die Mandeln im Backofen dörren. Dann das abgetropfte Kaninchen mit den Lorbeerblättern und 1 gewürfelten Zitrone (mit Schale) in einen Kochtopf geben und mit Wasser bedecken. Nach 10–15 Minuten Kochzeit das Fleisch herausnehmen und abtropfen lassen. In einer Pfanne die gewiegte Zwiebel in Olivenöl schwenken, die Kaninchenstücke hinzugeben, anbraten und die entkernten, kleingeschnittenen Tomaten hinzufügen. Wenn das Fleisch fast gar ist, Pinienkerne, Rosinen, Zimt, Rosmarin, Thymian und die gedörrte Orangenschale dazugeben. Nach 5 Minuten *vino cotto* dazugießen, die Kaninchenstücke darin wenden, die gestiftelten Mandeln darüberstreuen und sofort auf den Tisch bringen.

gewonnen, den die Liparoten übrigens auch als Allheilmittel gegen Husten und Grippe verwenden.

Das Gespräch kommt wieder auf das Meer, den geschätzten Schwertfisch, der mühsam mit Harpune oder Spezialnetzen gefangen werden muß und der den Inselfischern mittlerweile gut die Hälfte ihrer Einnahmen garantiert; auf die Männchen, die die harpunierten Weibchen begleiten bis sie selbst gefangen werden, und die Weibchen, die im umgekehrten Fall das Weite suchen ... Ende Oktober, freut sich Bartolo, wird das Lokal für zwei Wochen geschlossen. Denn dann braucht er Zeit für die Thunfischjagd. Donna Teresa wird trotzdem weiter kochen, für Freunde und Stammgäste, die an der abendlichen Familientafel eingeladen und willkommen sind.

A Casitta

»Auf dieser Felsterrasse zwischen den beiden Golfen … ist alles
versammelt, was die göttliche Erde an Vollkommenem zu bieten
hat: Taormina ist in Sizilien das, was Sizilien in der Welt ist«,
schwärmte der französische Schriftsteller Roger Peyrefitte enthu-
siastisch. Mag sein, mag gewesen sein. Eines aber ist ganz sicher.
Für den Vorort Giardini, der nach der ältesten griechischen Ora-
kelstätte auf Sizilien den Beinamen Naxos trägt, gilt es gewiß
nicht. Ein Verhau halbfertiger Betonpalazzi, eingequetscht zwischen Küstenstraße, Eisenbahn- und Schnellstraße, bevölkert vom
pauschalen Massentourismus der zu kurz Gekommenen, die in
Taormina kein Zimmer fanden oder glaubten, den mageren Strand
der souveränen Terrassenträgheit des einst als Winterfrische groß-
gewordenen Bergorts vorziehen zu müssen. Nahrung liefern Gelaterie mit Tüteneis, Bierstuben, Pizzerie und kerzenbeleuchtete
Trattorie, die die schnelle Lira damit machen, daß sie, meist dem
Kundenwunsch entsprechend, ein Einheitsitalien mit Spaghetti
bolognese oder carbonara, nordischer Tiramisù und venetischer
Grappa herbeizaubern, das mit Cappuccino hinuntergespült wird.

Pippo Lembo ist in diesem Ambiente aufgewachsen, hat Glanz
und Elend Taorminas als Barmann in verschiedensten Hotels ken-
nengelernt, hat in Deutschland gelebt und gearbeitet, um dann etwas Eigenes auf die Beine zu stellen. A Casitta, sein Terrassenlokal
mit Blick auf die Brücke von Graniti, inmitten von Zitronenhai-
nen und wenige Kilometer von der eiskalten Gola d'Alcantara
entfernt (einer Basaltschlucht, die eine appetitfördernde Wild-
bach-Schwimmwanderung verheißt!), ist ein Glücksfund in der
Nähe Taorminas. Und wenn der touristische Alltag auch den *padrone* veranlaßt, bitter zu behaupten, die sizilianische Küche gäbe
es gar nicht mehr, in A Casitta wird sie – teilweise behutsam zu einer *dieta mediterranea* verfeinert – gepflegt. Und verteidigt. In
seinem Lokal, wo die Köche Taorminas hingehen, wenn sie einmal
richtig peloritanisch essen wollen, hat Pippo Lembo unbeirrbar
auf Qualität gesetzt, auf Speisen statt Abspeisung. Folgerichtig
wird man bei ihm ein angenehmes Gemisch finden aus einheimischen Stammgästen und Reisenden, die sich auf das Land und das
Lokal einlassen und sich den Menüanregungen des Wirtes anver-
trauen. Denn bei Pippo Lembo ist die Cucina Siciliana nicht
schwer. Seine *antipasti* sind wahre *appetizer*, im Fünf-Minuten-
Rhythmus von der Küche geliefert: Warme frische *ricotta*, Kicher-
erbsensalat mit Basilikum und roter kalabresischer Zwiebel, *insalata di stocco* mit rohem Stockfisch und süßen Tomaten,
hauchdünnes mariniertes Kalbfleisch, gebratene Ätnapilze, Mee-

Insalata di ceci
Kichererbsensalat

Für 4 Personen

500 g Kichererbsen
1 Knoblauchzehe
1 rote Zwiebel
1 Karotte
1 Stange Staudensellerie
1 Bund Petersilie
Olivenöl extra vergine
1 Zitrone
Salz und Pfeffer

Die Kichererbsen über Nacht
einweichen. Dann in Salzwasser
mit der gestiftelten Knoblauchzehe bißfest kochen. Inzwischen
die Zwiebel, die Karotte, den
Staudensellerie und die Petersilie
fein hacken. Die gegarten Kichererbsen vom Herd nehmen, abgießen und die gehackte Rohkost
unter die noch heißen Kichererbsen mischen. Abkühlen lassen
und mit reichlich Olivenöl, dem
Saft der Zitrone und Pfeffer anrichten.

resfrüchtesalat – sechs bis zehn Mini-Gänge je nach Laune des
Wirts und der Gäste, mit wenigen Tropfen *olio extra vergine*, Zitronensaft und Wildkräutern angemacht.

Das größte Manko der sizilianischen Küche, wie sie sich im allgemeinen präsentiert, ist die *pasta*, sind die Nudeln. Im Gegensatz
zu anderen Regionen Italiens sind hausgemachte Nudeln durch-
aus keine Selbstverständlichkeit, am ehesten wird man noch im
Ätnagebiet und den Peloritanischen Bergen im Hinterland von
Messina fündig. In A Casitta jedenfalls gibt es solide *maccheroncini fatti in casa*, mit geschnetzelten Auberginen und kräftigen
Hobelspänen von *ricotta salata*, dem in Ostsizilien verbreiteten
harten Salzquark: ein gehaltvoller *piatto di sostanza*. Denn danach
wird es wieder leicht. Zarte Wildkaninchen vom Grill mit Kalb-
fleischklößchen, die in Orangenblättern gebraten werden. Schon
der Sizilianer Archestratos von Gela, sagenumwobener Verfasser
einer »Gastronomía«, hatte vor zweieinhalb Jahrtausenden geraten, Grillgut in Obstblätter einzuschlagen.

Früchte als leichter Abschluß. Beispielsweise im Spätherbst geschälte *bastarduni*, die zweiten Fruchttriebe der beschnittenen
Feigenkakteen, die kernarm und dafür um so fleischiger sind. Zum

Polpettine di vitello in foglie di limone

Kalbfleischbällchen in Zitronenblättern

Für 4 Personen

600 g Kalbfleischtatar
100 g gekochter Schinken (*prosciutto di Praga*)
1 Bund Petersilie
2 Eier
75 g Semmelbrösel
Salz und Pfeffer
12–20 große Zitronenblätter

Das Tatar mit dem gewiegten Schinken, der gehackten Petersilie, den Eiern und Bröseln vermengen, salzen und pfeffern. Klößchen formen und in Zitronenblätter einschlagen (eventuell mit Zahnstocher fixieren). Dann 15–20 Minuten grillen und mit den Blättern servieren.

Espresso offeriert das »Häuschen« selbstdestillierten Limonenlikör (*rosolio di limone*). Und dann, beim Abschied, gäbe es eigentlich noch einen Termin zum Vormerken: den 11. November, den Martinstag, wenn der frische Wein des Jahres zum erstenmal getrunken wird, als Faßstampfen (*pistabutti*) bezeichnet. Ja, wenn es die Winterfrischler der Belle Époque in Taormina noch gäbe … so aber werden die Einheimischen unter sich sein. Und das ist gut so.

Pescestocco in insalata

Stockfischsalat

Für 4 Personen

800 g Stockfisch
400 g kleine süße Tomaten
1 rote Zwiebel (*cipolla calabrese*)
4 EL Olivenöl
1 Bund Basilikum
1 Zitrone
Salz und Pfeffer

Den Stockfisch wässern, abtropfen lassen und in kleine Stücke schneiden. Mit Tomatenscheiben, sehr fein geschnittener Zwiebel, Olivenöl, gezupften Basilikumblättern, Zitronensaft, Salz und Pfeffer anrichten.

Trattoria Don Giovanni

Fisch ohne Schnörkel, dafür absolut frisch. Die kleinen Fischer-orte nördlich von Catania, erbaut auf Lavazungen, sind noch im-mer dafür berühmt. Acitrezza, wo Luchino Visconti den Nach-kriegsfilm »La terra trema« mit barfuß laufenden Fischern drehte, ist in den letzten Jahren recht schick geworden. Manche weichen bereits nach Capomulini aus, wo man einen prächtigen Blick auf die Vulkanbrocken hat, die der Zyklop Polyphem Odysseus und seinen fliehenden Gefährten nachgeschleudert haben soll. Doch

Pasta cu niuri di sicci
(Pasta col nero delle seppie)
Spaghetti mit Tintenfisch-Sugo

Für 4 Personen

400 g Spaghetti
500 g *seppie* (Tintenfische mit
  Beutel)
1 Knoblauchzehe
1 Bund Petersilie
Olivenöl
300 g geschälte gekochte
  Tomaten
Salz und Pfeffer

Die Tintenfische ausnehmen, die Knorpel entfernen und klein-schneiden, aber die Tintenbeutel nicht verletzen. Den gehackten Knoblauch und die Petersilie in reichlich Olivenöl anbraten, die kleingeschnittenen Tintenfische und Tomaten dazugeben, salzen und pfeffern. Wenn die Tomaten eingekocht sind, die Tintenbeutel öffnen, mit dem Sugo vermengen und auf den *al dente* gekochten Spaghetti anrichten.

Salmorigano
Sauce für Fisch vom Grill

1 Glas Olivenöl
2 Zitronen
Origano
Salz und Pfeffer

Das Ölivenöl mit dem Saft der Zitronen verquirlen und mit Origano, Salz und Pfeffer abschmecken. Besonders beliebt zu gegrilltem Thunfisch.

Spaghetti con le vongole
Spaghetti mit Venusmuscheln

Für 4 Personen

400 g Spaghetti
800 g *vongole veraci* (Venusmuscheln)
1 Knoblauchzehe
1 Bund Petersilie
Olivenöl
1 Messerspitze gehackter getrockneter *peperoncino*
Salz

Den gewiegten Knoblauch und etwas feingehackte Petersilie in Olivenöl schwenken. Die Muscheln und den *peperoncino* dazugeben und so lange köcheln bis sich die Muscheln öffnen. Den Muschelsud leicht salzen und nicht einkochen lassen! Spaghetti kochen, in die Pfanne geben, mit den Muscheln vermengen und mit dem Rest der gewiegten Petersilie bestreuen.

wer es wirklich ursprünglich will, der sollte nach S. Maria la Scala weiterfahren, das von der Barock- und Eismacherstadt Acireale, in der einst Richard Wagner kurte, nur über eine winzige Zickzack-Straße zu erreichen ist. Dunkelrot gestrichene *palmenti* (Kelterhäuser) und Villen schweben in Zitronengärten hoch über dem Meer, an der winzigen Piazza mit der Promenade lehnen diskutierende Fischer, im kleinen Hafen werden Netze geflickt. *Sapore di mare*, Duft des Meeres.

Auch die Trattoria Don Giovanni ist ein Platz ohne Schnörkel. Ein hoher weißgetünchter Raum, an einer Ecke schaut sogar noch der Lavafels einer der Grotten durch, in die viele Häuser hier hineingebaut sind. Hohe altmodische Fenster, durch die das Sonnenlicht flutet und die den Blick auf das Ionische Meer freigeben. Nur an der Schmalseite grell-naive und frische Farben: ein Kolossalgemälde zur Lokalmythologie. Der einäugige eifersüchtige Polyphem wütet gegen das Liebespaar Acis und Galathea. Händel, der eine Kurzoper zu dieser Geschichte schrieb, hätte seine Freude daran gehabt: *Sweet Galathea, oranger than a berry …*

Wer auch im Namen Don Giovanni opernhaften Italo-Kitsch wittert oder gar an Vitaliano Brancatis Soft-Sex-Klassiker »Don Giovanni in Sicilia« denkt, wird bald eines Besseren belehrt. Das Lokal trägt seinen Namen schlicht und einfach nach dem Vater des jetzigen *padrone* Sebastiano, der eben Giovanni hieß. Sebastiano ist praktisch im Restaurant aufgewachsen, *nato in ristorante*, wie er selbst sagt. Wie alt das Lokal ist? Es war immer schon da, älter als hundert Jahre, vielleicht auch zweihundert. Und es ist einer der in Sizilien gar nicht so seltenen Männerbetriebe. »Frauen in der Küche, das wäre nicht gut«, meint Sebastiano mit schüchternem Lächeln und fast priesterlichem Unterton. »Sie lenken zu sehr ab.«

Und hier geht es ja nur um Fisch. Die Stammkundschaft weiß das zu schätzen. Keine Experimente: eventuell ein Antipasto mit Meeresfrüchtesalat, anschließend Spaghetti in den klassischen Varian-

ten: *alla pescatora*, mit Muscheln, mit Krabben oder mit schwarzer *seppia*. Dann der Fisch, selbstausgesucht aus der Vitrine, nach Gewicht bezahlt. Grundsätzlich *alla brace*, gegrillt. So frisch, daß das Fleisch ein wenig an den Zähnen klebt. Darüber ein paar Spritzer Olivenöl und Limone, eventuell mit Origano und ein wenig Petersilie zu *salmorigano* verrührt. Wenn die Fischer die richtigen Sorten zum Kochen gebracht haben, steht eine *zuppa di pesce* auf dem Programm. Manchmal gibt es auch eine seltene Delikatesse: die fettfleischigen *occhi di bue*, Ochsenaugenmuscheln, die an den schroffen Lavaklippen der *riviera dei limoni* wachsen. Der weiße Etna, in der schlanken Flasche ohne Etikett, paßt zu jedem Gericht. Ein Ristorante mit Linie, das die traditionelle Schlichtheit und Meeresverbundenheit einer süditalienischen Fischergaststätte überzeugend bewahrt hat.

Der Besucher in S. Maria la Scala hat noch zwei Pflichten zu erfüllen. Erstens der Maria mit der Himmelsleiter, die die winzige Siedlung vor den dunklen Wogen des Meeres und den schwarzen Strömen des Ätna beschützt, Dank für den reichlichen Fang sagen, von dem auch er profitiert hat. Zweitens ein Lokaltermin: Die Trattoria La Timpa gleich bei der kleinen Kirche sieht nach nichts aus, aber in ihrem Tresen verbirgt sich eine der besten Granitas Siziliens. Für das geeiste Fruchtmus aus gemahlenen Mandeln oder Ätnapfirsichen fahren sizilianische Gourmets eigens nach S. Maria la Scala. Teilweise sogar schon zum Frühstück: Denn in Ostsizilien, in den Provinzen Messina und Catania beginnt ein richtiger Sommertag mit einer *granita*, in die man eine duftende, weiche *brioche* (Milchbrötchen) taucht.

Granita di pesca
Pfirsichgranita

Für 6 Personen

1 kg reife grüne Pfirsiche
¹/₄ l Wasser
1 Zitrone
250 g Zucker

Die Pfirsiche schälen und das Fruchtfleisch durch ein Sieb passieren. Den Fruchtbrei mit dem Wasser, dem Saft der Zitrone und dem Zucker verrühren und in eine *sorbetteria*, eine Rührkühlmaschine stellen. Granita kann auch im Kühlfach des Eisschranks gefroren werden: Die Masse entweder während des Gefrierprozesses von etwa 4 Stunden ein- bis zweimal stündlich rühren oder das fast durchgefrorene Wassereis zerkleinern und im Mixer grob pürieren.

Trattoria
Casalinga

Catania unter dem Ätna, die prunkvolle »schwarze« Barock- und Universitätsstadt, hat genug Sehenswürdigkeiten zu bieten: Den mondänen Palmengarten der Villa Bellini, den Dom der vulkanbeschwichtigenden Agathe, das Geburtshaus von Vincenzo Bellini, die Lavastufen des griechischen Theaters, das staufische Castello Ursino und die Adelspalazzi, deren weiße Diamantquadermusterung sich funkelnd von der schwarzen Tünche abhebt. Wie Phönix aus der Asche ist die zweite Metropole Siziliens nach den Katastrophen der Eruption von 1669 und des Erdbebens von 1693 wiederauferstanden. Eine *città trionfante* mit langen Prachtstraßen und Volks- und Hafenquartieren hinter barocken Fassaden.

Dennoch, die meisten Reisenden sind sich einig: Der Hauptanziehungspunkt von Catania ist der Markt. Direkt am Domplatz, wenige Schritte von der vielfotografierten Statue des Lava-Elefanten,

Tonno a ciputtada
(Tonno con la cipollata)
**Thunfisch mit
Schmorzwiebeln**

Für 4 Personen

**800 g Thunfisch (vier große
    Scheiben)**
Mehl
1 Glas Olivenöl
4 große weiße Zwiebeln
30 g Kapern
einige Minzblätter
6 EL Weinessig
Salz und Pfeffer

Den Thunfisch 1 Stunde in etwas
Salzwasser legen, abtropfen lassen, mit Mehl bestäuben, mit der
Hälfte des Olivenöls braten,
salzen und warm halten. Die in
Ringe geschnittenen Zwiebeln in
einer Deckelpfanne mit sehr wenig Wasser halb durchgaren.
Deckel abnehmen, Wasser ver-
dunsten lassen, das restliche Olivenöl dazugeben und die Zwiebeln auf kleiner Flamme glasig
rösten. Dann die Kapern (eventuell vorher in Wasser entsalzen),
Minzblätter, den Essig und etwas
Pfeffer beimengen. Wenn der
Essig verdunstet ist, wird die
cipollata auf den Thunfischschei-
ben verteilt. Das Gericht kann
warm oder kalt gegessen werden.

führen Treppenstufen hinunter zur *pescheria*, dem wohl opulente-
sten Fischmarkt des Mittelmeerraums mit der authentischen
Geräuschkulisse der Marktschreier. Seeleute in Gummistiefeln,
knallblaue Bottiche vor sich, aus denen der Fang der letzten Nacht
schnellt, die Geldscheine im durch den Gürtel gezogenen Pla-
stikbeutel. In der Halle sind die feineren Fische auf grünen Tang
und Marmortresen gebettet. Riesen-*cernia* (Kaulbarsch), bis zu
anderthalb Meter lang, dunkelroter Schwertfisch, ein Korb mit
hellroten *triglie* (Seebarben), *spigola* (Wolfsbarsch), *orata* (Gold-
brassen) und die silberglänzende *spatola* (Degenfisch), die *in
umido*, in Wein-Kräutersauce gekocht wird. Eine Ecke weiter
die Körbe der Schneckenverkäufer, der Blutwurstsieder und dann
die Fruchtstände Richtung Castel Ursino. Zartbittere hellgrüne
Pfirsiche und Pistazien aus Bronte, die kostbaren *smerci*, kleine
feinherbe gelbe Nektarinen, Wachskirschen vom Ätna, Walderdbeeren aus Noto und *sorbe*, winzige aromatische Wildäpfel. Der
Käsehändler verkauft *ricotta al forno*, frischen, im Ofen mit
knuspriger dunkelbrauner Kruste umbackenen Quark.

Auch Antonino Mannino geht, seit er vor 14 Jahren die Trattoria
Casalinga übernommen hat, täglich auf den Markt. Unter seiner
Leitung und durch die Kochkunst seiner Frau Sara wurde aus der
einfachen Osteria in der Nähe der Oper, in der man Wein trank
und dazu Oliven oder mit Semmelbrösel gefüllte *sarde al beccafico*
aß, ein mittäglicher Anlaufpunkt fürs ganze Viertel. Wer vom
Markt kommt, braucht sich nicht sonderlich zu beeilen, in Catania
kommt man zum *pranzo* meist erst gegen 14 Uhr. Auf die Zusam-
mensetzung des Publikums in der ebenso volkstümlichen wie di-
stinguiert geführten Trattoria ist Don Nino mit Recht stolz. In
dem sparsam und zurückhaltend eingerichteten Gewölberaum essen, heißt auch: Catanesen treffen und sehen. Don Antonino be-
treut seine Gäste, fragt das vornehm, aber verarmt wirkende ältere
Ehepaar, das fast jeden Mittag bei ihm ißt, nach dem Wohlbefin-
den, fordert den gestreßten *avvocato* mit *telefonino* mit einem

Pasta alla Norma
Nudeln mit Auberginen

Für 4 Personen

400 g *penne* (Makkaroni)
3 Auberginen
1 kg kleine süße Tomaten
1 kleine Zwiebel
2 Knoblauchzehen
Olivenöl
1 Bund Basilikum
Salz und Pfeffer
Ricotta salata (ersatzweise alter
    Pecorino oder Parmesan)

Die Auberginen in Streifen
schneiden und 1 Stunde in Salz
legen, abspülen und trocken tupfen. Die Tomaten heiß abbrühen
und schälen. Dann die kleingeschnittene Zwiebel und die
Knoblauchzehen in einer Kasserolle mit Olivenöl leicht goldbraun anbraten. Tomaten und
Basilikum (einige Blätter aufheben) hinzugeben und 20 Minuten auf kleiner Flamme kochen
lassen. Salzen und pfeffern.
Die Auberginen in einer Pfanne
mit Olivenöl anbraten. Die Spaghetti *al dente* kochen und in
einer Schüssel mit dem Tomatensugo und Auberginenstückchen
anrichten. Darüber frische Basili-
kumblätter streuen. Üblicher-
weise wird weiße *ricotta salata*
über das Gericht gehobelt.

Scherz zum Entspannen auf, umarmt gute Freunde und fragt die
kleinen und großen Stars vom Teatro Bellini nach ihren Wehweh-
chen. Ja sogar die *prostitute* des Viertels, denen Vitaliano Brancati
ein literarisches Denkmal gesetzt hat, speisen hier hin und wieder
gutbürgerlich. *Un posto sereno*, ein heiterer entspannter Platz, an
dem sich alle Klassen Catanias treffen, ein Stück verwirklichte All-
tagsutopie. Angesichts dieses menschlichen Schauspiels vergißt
man schnell jegliche Kritik, die etwa an den wäßrigen französischen Drucken an der Wand und den stereotypen Plastik-Thonet-
stühlen aufkommen will. Der Platz ist echt. Und wer wirklich
noch zweifelt, muß nur in einem unbeobachteten Moment die
weiße Tischdecke hochschlagen. Unter Tuch und Trattoriaplastik
stehen – die alten glänzenden Osteriatische der dreißiger Jahre.

Ein Stück Catania, auch beim Essen. Und das beginnt immer
gleich. Mit einer riesigen Keramikschüssel voller Oliven, die von
Tisch zu Tisch wandert. Fette milde grüne Oliven, nach sizilianischer Manier mit Karotten, Stangensellerie und Petersilie angemacht. Dann ist wieder die Hommage ans Theater dran. Ziehen
Sie am besten einen 5000-Lire-Schein aus der Tasche, um das
nächste Gericht besser würdigen zu können. Seine Vorderseite
schmückt das Antlitz Vincenzo Bellinis (1801–1835), des Schwans
von Catania, des größten Komponisten des Belcanto. Und verso
jammert die berühmteste seiner Bühnengestalten, die Druidin
Norma, über den schnöden Verrat des Römers Pollio. Catania hat
den hochgewachsenen blonden Künstler mit den schmelzenden
virtuosen Opernarien heiß geliebt und ihm nicht nur ein Monu-
ment aus Stein, sondern auch ein unvergängliches kulinarisches
Denkmal gesetzt. Das beliebteste aller Cataneser Nudelgerichte,
ja vielleicht die klassischste aller sizilianischen *paste* heißt *alla
Norma*: Maccheroni mit Auberginen, Tomatensugo und Basilikum, darüber frisch geriebene *ricotta salata*. Aus der Volksküche,
vielleicht sogar mit römischen Wurzeln, kommt hingegen *u
maccu*. Püree von getrockneten *fave* (Saubohnen, Pferdebohnen),

Pasta cu maccu
(Pasta con macco)
Nudeln mit
Saubohnenmus
(Catanesisches Wintergericht)

Für 4 Personen

200 g *pasta corta* (kurze
   spaghettiartige Nudeln,
   eventuell Spaghetti zer-
   brechen)
400 g getrocknete Saubohnen
   (*fave secche*)
1 Bund *finocchietto*
   (Wildfenchel)
1 Zwiebel
1 Tomate
1 Knoblauchzehe
1 Becher Olivenöl
Salz und Pfeffer

Die Bohnen über Nacht einweichen, dann mit Salz und Pfeffer,
dem Bund *finocchietto*, der kleingeschnittenen Zwiebel, der gewürfelten Tomate und der gehackten Knoblauchzehe sehr
weich kochen. Den Fenchel herausnehmen und die Bohnen
pürieren (*maccu* = Bohnenmus)
und abschmecken. In dem Boh-
nenbrei die Nudeln so lange kochen, bis sie *al dente* sind, dann
das Gericht mit reichlich Olivenöl verfeinern.
Eine Variante verwendet statt
fave getrocknete Erbsen.

mit Wildfenchelkraut und Olivenöl verrührt, im Winter zusammen mit *pasta corta*, kurzgebrochenen Nudeln, gekocht. Für den
secondo piatto empfiehlt Nino neben *pesce alla brace* (Fisch vom
Rost) heute *tonno a cipuddata*, Thunfisch mit süßen Zwiebeln und
Pinienkernen bedeckt. Außerdem hat die Trattoria Casalinga die
sizilianische Involtini-Tradition der gefüllten Fleischröllchen um
ihre eigene Variante bereichert. Feine dünne und lange Kalb-
fleischrouladen mit Mozzarella gefüllt und *alla catanese* mit Semmelbrösel, Ei und viel gehackter Petersilie paniert. Und noch ein
kleiner Unterschied zur Mailänder und der von ihr abgeleiteten
Wiener Panade: Wenn sie in Sizilien nach den Regeln der dortigen
Kochkunst gemacht ist, müssen wie beim gegrillten Fisch die
Brandspuren des Rostes leicht zu sehen und zu schmecken sein.

Catania ist eine der Hauptstädte der sizilianischen Zuckerbäcker-
kunst, doch in einfachen Gaststätten haben *dolci* keine Tradition.
Man kauft sie für zu Hause oder verzehrt sie in einer der berühm-

Sarde a beccafico
Gefüllte Sardinen

Für 4 Personen

800 g frische Sardinen
150 g Semmelbrösel
Olivenöl
50 g Sultaninen
50 g Pinienkerne
1 Zitrone
Salz und Pfeffer
(Bei einer in Catania häufigen Variante verwendet man Pecorino und Petersilie statt Sultaninen und Pinienkernen.)

Die Sultaninen in lauwarmem Wasser einweichen.
Die Sardinen reinigen, Kopf und Schwanz abtrennen und die Gräten so entfernen, daß die Filets nicht getrennt werden. Abspülen und trockentupfen. Die Semmelbrösel mit reichlich Olivenöl in der Pfanne bräunen. Dann in einer Schüssel mit den Sultaninen, den Pinienkernen vermengen und mit Pfeffer und Salz abschmecken. Eine eingeölte Form mit der Hälfte der aufgeklappten Sardinen auslegen. Die Fische jeweils in der Mitte dick mit dieser Masse bestreichen, dann jeweils eine weitere aufgeklappte Sardine mit der Haut nach oben darauflegen und diese leicht andrücken. Anschließend mit 2 Eßlöffeln Olivenöl beträufeln und 30 Minuten bei mittlerer Hitze im Ofen backen lassen. Die fertigen *sarde a beccafico* werden mit etwas Zitronensaft besprengt und meistens erst nach dem Abkühlen serviert.

ten *pasticcerie* der Via Etnea, zum Beispiel bei Savia gegenüber der Villa Bellini. Manchmal hat Nino trotzdem eine *cassata* vom Konditor, aber eigentlich legt er seinen Ehrgeiz in die Auswahl an frischem Obst, das in einer wassergefüllten Glasschüssel auf den Tisch kommt. Und wenn sich Tochter Maddalena über den Tisch beugt, um die Früchte zu servieren, kann man sehen, daß in der hellen Trattoria doch ein winziges Stück von *Catania la nera* zu finden ist. Denn der kleine *corno* (Hörnchen), den sie als Schmuck um den Hals trägt und der für Fruchtbarkeit und gegen den »bösen Blick« gut sein soll, ist bei ihr nicht wie sonst in Süditalien, korallenrot, sondern schwarz.

Nunzio Bruno
Villa Museo

Das individualistischste Lokal Siziliens? Nunzio Bruno, an der Straße von Floridia nach Canicattini im Hinterland von Syrakus. Der Künstler und seine Frau 'Nzina (Vincenzina) kochen persönlich, im Notfall unterstützt von seiner Schwester Carmencita und der australisch-floridianischen Schwiegertochter Mary.

Wer hier einkehrt, den umfängt eine archaische Welt mediterraner Gastfreundschaft, der hat für die Stunden seines Aufenthaltes ein Zuhause gefunden. Ein ländliches Atelier mit Blick auf die karstigen Tafelberge der Monti Iblei, Tuffstatuen unter Kakteenhecken, Weiden und Wolfsmilch, Pinien und Agaven, Gartenlauben und ein Wasserbecken mit Fröschen. Das alles lockt zu Spaziergängen, während das Mahl zubereitet wird.

Nunzio erzählt gerne und er hat Substantielles zu erzählen. Seine Oase des traditionellen bäuerlichen Sizilien begann mit einem modernen Medium, das er meisterhaft beherrscht: der Fotografie. Nunzio fotografierte in den sechziger Jahren für Antonino Uccello, den bedeutendsten Volkstumsforscher aus der ethnologischen Schule des großen Märchensammlers Giuseppe Pitré. Daraus wurde eine Passion für das Leben, für die verschwindende bäuerliche Kultur, die *civiltà contadina* seiner Heimat. Nunzio begann zu sammeln: die bemalten sizilianischen Eselskarren (*carretti*), antike Webstühle und Wabenschachteln für den hybläischen Honig, den schon der syrakusanische Dichter Theokrit besungen

'Nfigghiulata araba
Feigenrolle
(Rezept aus Sortino)

Für 4 Personen

100 g getrocknete Feigen
250 g Mehl
25 g Zucker
2 EL Olivenöl
1 kleines Glas Wein
50 g Schweineschmalz (oder
   Hammelfett)
Minzblätter
50 g Salami
Salz und Pfeffer

Das Mehl mit sehr wenig Wasser
kneten, dann Zucker, Öl, Wein
und etwas Salz in den Teig einarbeiten. Den ausgerollten Teig mit
Schmalz, Minzblättern (oder
Thymian, Origano etc.), der
kleingewürfelten Salami und den
in winzige Stückchen gerissenen
Feigen belegen und pfeffern. Das
Ganze zu einer Rolle drehen,
diese in Scheiben schneiden und
die Scheiben mit der Handfläche
flach drücken. Dann im Ofen auf
höchster Stufe 15–20 Minuten
backen.

hatte. So entstand die Villa Museo, die mit viel Enthusiasmus ge-
zeigte Privatsammlung, in der Nunzio auch seine Kunstobjekte
schafft. Kalksteintorsi, die irgendwo zwischen der sikulischen
Magna Mater und Henry Moore angesiedelt sind, bemalte Terra-
kotta und Wagenhölzer, rustikale Weihnachtskrippen.

Doch seine wahre Passion wurde die einheimische Küche, die Rezepte der *cucina povera*, die, auf schlichten, aber aromatischen Zutaten beruhend, oft von erstaunlicher Kreativität war. In unge-
zählten Gesprächen mit Bäuerinnen und Hirten hat Nunzio den
kulinarischen Reichtum des archaischen Sizilien erforscht und
zunächst in seinem gastfreien Haus bei freundschaftlichen Abend-
essen weitergegeben. Irgendwann, vor gut 15 Jahren, kam die Idee
auf, doch öfter für Freunde oder interessierte Gäste zu kochen
und einen kostendeckenden Beitrag dafür zu nehmen. So wurde
die Villa Museo allmählich zur unorthodoxesten Trattoria Siziliens. Denn man ißt nach wie vor im Hause der Familie, im Wohn-
zimmer, im Salon, in der alten Küche oder in einer Gartenlaube.
Familie Bruno kocht für einen einzigen Gast oder für fünfzig
(nach Voranmeldung).

Zu den Stammgästen aus aller Welt zählen der nach Mailand emi-
grierte sizilianische Schriftsteller Vincenzo Consolo oder jener
hochdotierte Chirurgiespezialist aus Catania, der es sich nicht
nehmen läßt, 'Nzina persönlich beim Tellerabräumen zu helfen,
sowie Schulklassen aus ganz Sizilien, denen Nunzio mit Leidenschaft ihre Wurzeln nahezubringen versucht.

Wer zu früh kommt, wird gern zum Einkaufen nach Floridia und
ins Hinterland mitgenommen und erfährt die Geheimnisse von
Nunzios raffinierter *cucina povera*: Kein Zutatenluxus, sondern
schlichte lokale Produkte, die dafür in bester Qualität direkt beim
Produzenten gekauft werden. Stopp unterwegs beim Hirten, ob er
gerade frische *ricotta* hat, Orangenblüten- oder Thymianhonig

(*miele di zagara*, *miele di timo*) aus Sortino in den hybläischen Bergen. Kleine süße *sugo*-Tomaten, Auberginen, meterlange grüne Kürbisse, Petersilie, Basilikum, Wildfenchel und Senfkraut sowie bestes Olivenöl. Schnecken? Die *crastuni*, die Hörnerschnecken, sind immer an dieser Ecke am besten, frisch aus dem *panaru*, dem sizilianischen Weidenkorb, verkauft. Fleisch kommt in der *cucina contadina* höchstens an Festtagen vor. Nunzio wählt heute Kaninchen und frische kräutergewürzte *salsiccia* für einen würzigen Nudelsugo.

Pasta wird in der Villa Museo übrigens grundsätzlich in einem *brodo* aus Hühnerflügeln gekocht, der kleine feine Unterschied, der nicht viel kostet: *cucina intelligente*.

Besonders stolz ist Nunzio auf *u cazzamarru*, eine von ihm wiederentdeckte Gemüsespezialität, die einst in Strohpapier gebacken

Zabaione di Marsala
Marsalacreme (Sabayon)

Für 4 Personen

6 Eigelb
6 TL Zucker
6 EL Marsala vergine

Die Eigelb und den Zucker mit einem Schneebesen schaumig schlagen, den Marsala einrühren und entweder sofort servieren, bevor die Zabaione zusammenfällt, oder im Wasserbad fest werden lassen.

75

U cazzamarru
Gebratenes Ölgemüse

Für 4 Personen

700 g grünes Gemüse der Saison
(Mangold, Senfkraut, grüner
Spargel, Schalotten, Arti-
schockenherzen, Löwenzahn,
Broccoli, Zucchini)
12 Knoblauchzehen
Olivenöl
Salz, roter und schwarzer
Pfeffer

Das Gemüse waschen und in
Streifen schneiden. Pro Person
eine Portion in Alufolie legen, 3
halbierte Knoblauchzehen, reichlich Olivenöl, schwarzen etwas
roten Pfeffer und Salz dazugeben. Die Folie doppelt oder drei-
fach einschlagen und die Pakete
15–20 Minuten grillen. Mit frischem Weißbrot servieren.

Pasta con sinapa
Nudeln mit Wildkraut

Für 4 Personen

500 g Spaghetti
2 große Bund Wildkraut (oder
Brennesseln)
150 g *salsiccia* (Bauernbrat-
wurst oder Gehacktes)
3 Eier
Olivenöl
4 Knoblauchzehen
Salz und Pfeffer

Die Eier mit etwas Salz und Pfeffer aufschlagen. In einer Pfanne
Olivenöl mit den durchgepreßten
Knoblauchzehen vermengen und
darin das Wurstbrät anbraten.
2 Liter Wasser zum Kochen bringen und das geputzte Senfkraut
hineingeben. Nach 6 Minuten die
Pasta zu dem Senfkraut in den
Topf geben und *al dente* kochen.
Pasta und Kraut abgießen und
mit der *salsiccia* in der Pfanne auf
kleiner Flamme durchrühren.
Zuletzt die Eier unter die Speise
ziehen und heiß servieren.

wurde und das Mittagessen eines *jornataru* (Tagelöhners) dar-
stellte. Überhaupt, doziert er mit Eifer, sind, was heute die bürger-
liche Küche als Antipasti feiert, eigentlich nichts anderes als die
einst nur aus Gemüse und nicht etwa aus teuren Nudeln (oder gar
Fleisch) bestehenden Hauptmahlzeiten der Armen, die bei diesen
spärlichen Zutaten um so erfinderischer würzen mußten. Uner-
reicht sind die lokalen *sfincioni*, gemüsegefüllte Backfladen. Bei einem Bissen des kunstvoll geformten Brotes von Floridia rühmt
sich Nunzio seines beachtlichen Appetits: *Sono il più grande man-
giatore di pasta* – beim Pastaessen könnte ich jeden in der Welt
herausfordern, was die Schnelligkeit angeht. Wer seine Nudeln
mit Wildkraut und *salsiccia* probiert, wundert sich nicht, daß
Nunzio davon nicht genug bekommen kann.

Lange kann man mit ihm auch über den Wein philosophieren. Sein
Getränk ist der offene dunkelroséfarbene leicht säuerliche Wein
der Gegend, der zu jedem Gericht paßt. Ein Wein, den sie hier
gern und demonstrativ *vino di uva* (Wein aus Trauben) nennen,
um ihn von den Flaschenweinen abzusetzen. »Neulich sind so ein
paar Typen von einem Restaurantführer dagewesen. Die haben
mir gesagt, ich soll auch Flaschenweine anbieten. Ich habe nein gesagt, mein Wein paßt zu meinem Kochstil – und überhaupt, unsere
echten traditionellen dunklen Weine mit dem kräftigen Bouquet,
die gibt's nicht in der Flasche. Die versuchen doch mit allen Mit-
teln, die leichten, spritzigen Weine des Nordens nachzuahmen,
und wenn sie Zitronensäure hineintun oder die Trauben unreif
ernten. Fürs Marketing mag das gut sein, sizilianische Tradition ist
es nicht.« Und für die ist Nunzio bereit zu streiten.

Auch mit seinen Mitbürgern, die seine Passion für das Alte und
Einfache oft nicht verstehen, die oft nicht sehen wollen, daß gerade sein engagierter Einsatz für seine Heimat auch eine be-
stimmte Form von *turismo intelligente* von Syrakus nach Floridia
abzieht und somit Arbeitsplätze schafft.

Pasta con crastuni
Nudeln mit Schnecken

Für 4 Personen

500 g Spiralnudeln
500 g *crastuni* (Weinberg-
　schnecken)
500 g geschälte Tomaten
Olivenöl
2 Knoblauchzehen
1 kleines Glas Weißwein
Salz und Pfeffer

Die Schnecken bürsten und in
kaltes Wasser legen, das halb-
stündlich so oft gewechselt wird,
bis es sich nicht mehr trübt. Die
Schnecken noch einmal mit Wasser bedecken und im geschlosse-
nen Topf 45 Minuten stehenlas-
sen, so daß die Tiere aus ihren
Häusern kommen. Dann auf der
kleinsten Flamme das Wasser erhitzen und 5 Minuten kochen
lassen. Das Schneckenfleisch in
einer schwach erhitzten Pfanne
leicht trocknen lassen. Olivenöl,
die gehackten Knoblauchzehen
hinzufügen, salzen und pfeffern,
die Schnecken kurz darin anbraten und mit dem Weißwein ablöschen. Die zerkleinerten Tomaten dazugeben und 5 Minuten
einkochen lassen. Währenddes-
sen die Spiralnudeln *al dente*
kochen, abgießen und in der
Pfanne mit dem Schneckensugo
vermengen. Sofort servieren!

Ein Essen, ein Besuch bei Nunzio und 'Nzina ist mit dem umwer-
fenden Mandeleis der Bar Centrale von Floridia und dem legendären Bienenwabenlikör, den er persönlich aus Sortino besorgt,
meist nicht zu Ende. Wer hier Zeit und Gespür hat, kann in Gesprächen und Fahrten mit Nunzio Bruno Einblicke in die sizilianische Kultur gewinnen, die den meisten Fremden und auch vielen
Einheimischen verschlossen bleiben.

Trattoria del Carmine

Notos Patina bröckelt. Seit Jahrhunderten. Denn der goldgelbe Tuffstein, aus dem die barocke Planstadt nach der Erdbebenkatastrophe 1693 in gattopardeskem Prunk hochgezogen wurde, ist ein »weiches« Material. Leicht zu bearbeiten und daher ideal für die Steinmetze, die aus ihm in kurzer Zeit eine Phantasiewelt von Statuen, verspielten Kapitellen und karnevalesken Balkonen wie dem des Palazzo Villadorata meißelten. Doch nicht für die Ewigkeit. Der Salzwind vom Meer, die moderne Umweltbelastung, die gründlichen Erschütterungen durch den Autoverkehr, all das frißt an den Kulissen Notos. Seit Jahren ist die Fassade des bischöflichen Seminars zum Korso mit klobigen riesigen Holzstämmen verkeilt. Im Mai 1995 ging Noto kurz durch die Weltpresse. Die riesige Barockkuppel des Doms S. Nicola war eingestürzt, Gott sei Dank nicht während der Messe. Seither wird in Noto viel eingerüstet und noch mehr über die Vernachlässigung des Südens geklagt.

Tröstlich, daß es auch Netiner Institutionen gibt, die fest stehen. Die Trattoria del Carmine mit der Chiesa del Carmine vor der Haustür kocht seit 1964 sorgfältig, einfach, lokal und ohne Brimborium. Wie die Einrichtung des Lokals, das vor kurzem zwei Häuser weiter an die Kirche herangerückt ist und doch bewußt das Aussehen einer Osteria bewahrt hat. Ein bißchen Ästhetik der leeren Wand, gut passend zu einer Stadt, die unter aller barocken

Caponata
Sizilianisches Essiggemüse

Für 4 Personen

3 Auberginen
1 gelbe Paprika
200 g süße Tomaten
2 Stangen Staudensellerie
1 Knoblauchzehe
Olivenöl
1 weiße Zwiebel
20 g Kapern
80 g grüne Oliven
4 EL Weinessig
20 g Thymianhonig
Salz und Pfeffer

Die Auberginen kleinschneiden, 1 Stunde in Salz legen, abspülen, trocken tupfen und in Olivenöl braten.
Die Tomaten schälen. Dann den gehackten Knoblauch mit Olivenöl in einer tiefen Pfanne anbraten, die gewürfelten Tomaten hinzugeben, mit Salz und Pfeffer abschmecken. 15 Minuten einkochen lassen.
In einer Pfanne die gewiegte Zwiebel leicht anbraten, dann die kleingeschnittene Paprika dazugeben und weich dünsten. Auberginen, Paprika, Kapern, Oliven, kleingeschnittenen Staudensellerie zu den Tomaten geben, mischen, Essig und Honig zuschütten und 10 Minuten offen kochen lassen. Das fertige Gemüse kalt als Antipasto servieren.

Tünche noch immer eine arabische Seele bewahrt. Weiße, hohe Räume, karierte Tischdecken und geflochtene Holzstühle; sogar die Speisekarte schlicht, mit der Schreibmaschine geschrieben, wie damals, als alles anfing. Erst trank man nur den schweren gelben Wein der Gegend, spielte Karten, gönnte sich vielleicht ein hartes Ei mit Salz, erinnert sich der greise Patriarch Corrado, der gerne gegen 14 Uhr die Honneurs macht, Stammgäste knuddelnd und Neuzugänge interessiert begrüßend. Landarbeiter gehen eigentlich nicht essen. Aber es kam, wie es kommen mußte, die Kochleidenschaft seiner Gemahlin siegte und zog die Männer allmählich in ihren Bann. Heute haben längst die nächsten Generationen den Kochlöffel übernommen. Eine Großfamilie, zu elft beseelen sie die Trattoria. Die Töchter haben Männer geheiratet, die nach Erfahrungen als Gastarbeiter lieber im Lokal mitarbeiten, und auch die Kinder helfen: Corrado, der wie sein Großvater und der Patron von Noto heißt, ist mit seinen 13 Jahren längst ein perfekter *barista*, spezialisiert auf stärkenden *caffè*. Und Caterina Giselli,

Coniglio alla stimpirata
Schmorkaninchen mit Gemüse

Für 4 Personen

1 zerlegtes Kaninchen
1 gelbe Paprika
250 g Karotten
250 g Staudensellerie
2 Knoblauchzehen
Olivenöl
100 g grüne Oliven
2 EL Honig
$^1/_8$ l Weinessig
$^1/_8$ l Weißwein
50 g Kapern
Salz und Pfeffer

Paprika, Karotten und Staudensellerie kleinschneiden. In einer
Pfanne erst 1 gewiegte Knoblauchzehe in Olivenöl schwenken, dann darin das Gemüse braten.
Die Oliven entkernen, den
Honig im Essig auflösen. Das
zerlegte Kaninchen mit dem
Honigessig, Wein, Kapern,
1 kleingeschnittenen Knoblauchzehe, Salz und Pfeffer und reichlich Olivenöl in Kasserolle geben
und etwa 1$^1/_2$ Stunden auf dem
Herd schmoren lassen. Kurz vor
dem Servieren das gebratene
Gemüse und die Oliven hinzufügen und im Bratensud anwärmen.
Mit frischem Weißbrot servieren.

die in der Küche das Sagen hat, ist dem Vermächtnis ihrer Mutter
treugeblieben. Wer hausgemachte *tagliatelle* mit einem *sugo* aus
15 Gemüsen und Kräutern fabrizieren kann oder die Kaninchen-
tradition der Hybläischen Berge mit einem *coniglio alla stimpirata*
hochhält, braucht sich nicht auf Experimente einzulassen. Hier
herrscht die Kunst der Beschränkung auf das als perfekt Erprobte
– ästhetisch, kulinarisch und auch finanziell.

81

Majore

Chiaramonte Gulfi ist einer der sizilianischen Bilderbuchorte des
Landesinneren, jederzeit als Filmkulisse verwendbar. Hoch oben
über der Ebene von Vittoria und Comiso, wo ein vorzüglicher roter Cerasuolo-Wein gedeiht, thront Chiaramonte, berühmt für
sein Madonnenheiligtum, seine gute Luft und seine Küche. Doch
wer hier nur zum Essen herkommt, hat etwas verpaßt. Denn die
große rechteckige Piazza will vorher in Ruhe erlebt sein. Hier ist
sicilianità noch unverfälscht. Barbiersalons umsorgen die Herren
der Schöpfung, die ansonsten in den prunkvollen Arbeiter- und
Veteranenclubs, die noch die Namen savoyisch-italienischer Kö-
nige tragen, die Zeit verspielen, die Taktpausen kleinstädtischer
Langeweile mit Gesprächen über Politik, Jugend und Frauen fül-
lend. Hellwach scheint nur die halbnackte Infanteristenstatue, die
in risorgimentalem Pathos eine Viktoriafigur gen Himmel reckt.
1918 – *tempi passati* und doch für hiesige Verhältnisse ein recht
junger Sieg.

Costoletta ripiena
Gefülltes Schweinekotelett

Für 4 Personen

4 dicke Schweinekoteletts am
   Knochen
2 Eier
25 g Semmelbrösel
25 g alter Caciocavallo (gerie-
   ben) oder Parmesan
75 g junger Caciocavallo (ge-
   würfelt)
75 g gewürztes Schweinehack
4 Scheiben Salami (kleinge-
   schnitten)
Schweineschmalz
Butter
Olivenöl
$^1/_2$ Glas Rotwein
Pfeffer

Die Eier hart kochen und mit
Brösel, Käse, Hack und Salami zu
einer Farce verarbeiten. Dann die
Schweinekoteletts, in die jeweils
eine tiefe Tasche geschnitten
wird, damit füllen und zunähen.
Die Koteletts in einer tiefen
Pfanne in Schmalz, Butter und
Öl (zu gleichen Teilen) gar
schmoren, pfeffern und mit etwas
Rotwein ablöschen. Ohne Sauce
servieren.

Denn die Erfolgsstory von Majore, dessen Küchendüfte schwach
und doch verlockend auf die Piazza wehen, beginnt schon 1896, in
jenem Jahr, als Francesco Crispi, der sizilianische Ministerpräsi-
dent Italiens, wegen der militärischen Schlappe von Adua in
Äthiopien zurücktreten mußte. Damals wurde ein bis heute in Italien einzigartiges Lokal gegründet: Denn Majore hat sich von Anfang an darauf konzentriert, nur eine einzige lokale Spezialität zu
perfektionieren: Hier dreht sich alles ums Schwein, *qui si magni-
fica il porco*, wie eine Majolikakachel in der offenen Küche verkündet. Hier ißt man seit hundert Jahren mehr oder weniger ein
Einheitsmenü, ausgereifte Tradition. Einmal im Jahr muß man
einfach ins Majore gehen, lebenslang, sagen viele Sizilianer in Sizilien und im Exil der weiten Welt.

Schweinefleisch auf der Araberinsel Sizilien? Anders als in Kalabrien, wo die Bauern eher Schweineschmalz als Olivenöl zum
Kochen nehmen oder in Latium mit seinen eichelngemästeten
Schweinen ist *maiale* oder *porcu*, wie es auf sizilianisch heißt, eher
selten auf der Insel. Mit Ausnahme des Ragusano, des Hinterlan-
des der Barockstadt Ragusa, wo zwischen den weißen Kalkstein-
mauern, die die roterdigen Felder unterteilen, seit Jahrhunderten
Schweine mit Johannisbrotschoten und Molke gemästet werden.
Das Restaurant überläßt nichts dem Zufall, seine Schweine, eine
kleine schwarze, eher fettarme Rasse, werden in eigenen Vertrags-
masserie regelmäßig mit *fave* (Pferdebohnen) gefüttert. Und das
Fett, das beim Kochvorgang austritt, wird weggeschüttet, bei Majore ist Schweinefleisch bekömmlich.

Die Ästhetik von Majore ist perfekt. Das beginnt mit den großen
und polierten Kupferkesseln in der Durchgangsküche, in denen
die Schweinsfüße für die legendäre Gelatine ausgekocht werden,
die bis nach Mailand und Udine (der dortige Polizeipräsident
kommt aus Chiaramonte) verschickt wird. Zusammen mit selbst-
erzeugter Salami, die direkt gegenüber dem Lokal gemacht wird,

und grünen Oliven mit Sellerie und Karotten bildet sie das Antipasto, natürlich auf Tellern mit diskretem Majore-Schriftzug angerichtet. Dann das *risotto al sugo di maiaile*, dem einige Würfel des lokalen *caciocavallo ragusano* die volle Würze verleihen. Dieser goldgelbe, in dicken Kugeln erstarrte Käse trägt seinen Namen, weil je zwei zusammengebundene Kugeln über die hölzerne Trockenstange wie über einen Pferdesattel gehängt werden. Das größte Ruhmesblatt des *ristorante storico d'Italia* aber ist die *costoletta ripiena*, das gefüllte Schweinekotelett, das von hier aus seinen Siegeszug durch die Provinz Ragusa antrat, viel kopiert, doch nie erreicht. Neben der sorgfältig kontrollierten Fleischqualität macht die Farce den Reiz aus: Giuseppe Laterra Majore, der in der vierten Generation den Platz mit sicherem Qualitätsgefühl leitet, verrät ihr Geheimnis: Eier, Salami und *caciocavallo* sowie frisch geschabtes Schweinemett.

Da meist noch ein Stück hausgemachte sizilianische Bratwurst (*salsiccia*) den Teller ziert, kann es leicht sein, daß man zur zweiten Flasche Wein übergeht. Keine schlechte Idee, denn das Ragusano und besonders das Hinterland von Vittoria ist neben dem Ätna die beste Rotweingegend Siziliens, und Majore ist der rechte Platz, neben dem vorzüglichen Hauswein auch das gepflegte Sortiment der großen Cerasuolo-Marken, allen voran den von COS, auszuprobieren.

Der Abschluß entspricht wieder gängigen Sizilienerwartungen: selbstgemachtes Mandeleisparfait mit schwarzer spanischer Scho-

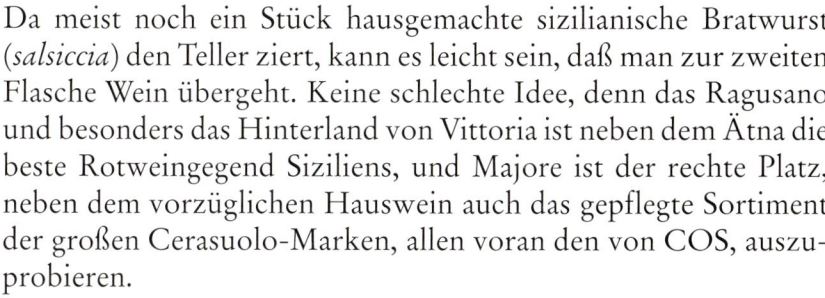

Gelato di mandorla
Mandeleiscreme

1 l Milch
1 Vanillestange
100 g Orangenblütenhonig
6 Eigelb
250 g geröstete Mandeln
1 Riegel bittere Block-
   schokolade

Die Milch mit der Vanillestange
und dem Honig erhitzen. Die
Eigelb 10 Minuten schaumig
schlagen und unter die Milch
rühren, dann die gehackten Mandeln hinzufügen. Weiterköcheln,
bis die Masse cremig wird, dann
vom Feuer nehmen und während
des Abkühlens mit einem
Schneebesen locker schlagen.
Die Creme in eine Eismaschine
füllen. Mit geschmolzener Bitterschokolade servieren.

kolade. Caffè? Gibt es seit 1896 nicht, aus Tradition. Ein sympa-
thischer Zug, der die Volkstümlichkeit des Restaurants garantiert
– schlichte Markttrattorie haben auch keinen Espresso. Es ist doch
so einfach. Man zahlt den mäßigen Preis, wirft einen letzten Blick
auf die illusionistischen Wandmalereien und die knallorangenen
Gasthausschilder, die unberührt im Pop-Design der siebziger
Jahre verharren, und findet sich auf der Piazza im Caffè Roma.
Und hier kann man zum *caffè* sogar in Schokolade getunkte grüne
cedro-Spalten knabbern, die kandierte Schale der großen warzigen
Zitrusfrüchte, aus denen das Stollenzitronat gemacht wird und die
dem deutschen Namen Zitrone Pate standen.

Hostaria del Vicolo

Der beschauliche Küstenort Sciacca ist mehr als nur eine Station zwischen den hellenischen Tempeln von Agrigent und Selinunt. Sciacca bietet heiße Thermalquellen, ein verzaubertes Schloß (*castello incantat*o), das von Tuff-Fratzen bevölkert wird, einen herrlich in Schuß gehaltenen öffentlichen Park und eine riesige, von Müßiggängern bevölkerte Terrasse (mit dem schönen Namen Piazza Scandaliato) über dem Hafen, der eine der ansehnlichsten Fischerbootflotten der Südküste schützt. Und Sciacca besitzt, nur wenige Schritte von der Terrasse entfernt, eines der besten Restaurants Westsiziliens, die Hostaria del Vicolo. Daß das auch die Einheimischen so sehen, beweist die große Anzahl dunkler korrekter Anzüge, die hier mittags anzutreffen sind, lokaler Amtsadel und Geschäftsreisende, die meist wegen des Weins von Porto Palo oder der süßen, *Brasile* genannten, Tafelapfelsinen von Ribera unterwegs sind. 1983 hat das Lokal seine Pforten geöffnet, und trotz des modischen Namens Hostaria betont der Inhaber Nino Benti-

Insalata di polipetti
Tintenfischsalat

Für 4 Personen

500 g *polipetti* (Tintenfische)
50 g getrocknete Tomaten
30 g Kapern in Essig
1 Stange Staudensellerie
Olivenöl
Zitrone
Salz

Die Tintenfische 20 Minuten in Salzwasser kochen, dann abtropfen lassen und kleinschneiden. Mit den kleingeschnittenen Tomaten, den Kapern und dem feingewürfelten Sellerie vermengen und die lauwarme Vorspeise mit Olivenöl und einigen Spritzern Zitronensaft beträufeln.

vegna, stolz darauf zu sein, in Sciacca ein richtiges Ristorante zu führen. Das ist es auch, vom Tischtuch bis zum persönlichen Service, von der Weinauswahl, die neben den großen Sizilianern aus den Häusern Corvo, Regaleali, Rapitalà und Donnafugata auch italienische Spitzentropfen vom Festland umfaßt – die Enoteca ist das Hobby des Wirts und mancher sizilianischer Stammgäste, die hier zur Feier des Tages sogar einmal nach einem der im fernen Alpenvorland destillierten *grappe* greifen, die zwischen den einheimischen Keramiktellern von Sciacca ein ganzes Regal füllen.

Die Küche unter Franco Gobbati schafft den Spagat zwischen bodenständiger sizilianischer Qualität und behutsamen Innovationen. Selbst eine von vielen als nordisches Teufelswerk verschriebene Zutat wie *panna* (Sahne) findet hier, sparsam in der Kürbiskrabbensauce verwendet, ihren Platz. Als Vorspeise wird hier jedenfalls erst einmal ein Tintenfischsalat serviert, der originell süditalienisch mit gehackten *pomodori secchi* (getrockneten Tomaten) und Staudensellerie angerichtet ist. Dazu gibt es *polpet-*

Linguine con gamberi, melanzane e bottarga di tonno
Bandnudeln mit Krabben, Auberginen und Thunfischrogen

Für 4 Personen

500 g *linguine*
500 g Krabben
500 g Auberginen
50 g *bottarga di tonno* (getrockneter gesalzener Thunfischrogen)
1 Knoblauchzehe
Olivenöl
1 kleines Bund Petersilie
1 kleines Glas Weißwein
einige Minzblätter
Salz

Die Auberginen in schmale Streifen schneiden und auf dem Grill schwach braun rösten.
Die Garnelen ausnehmen.
Die gehackte Knoblauchzehe in einer großen Pfanne in heißem Olivenöl andünsten und die Garnelen mit etwas gewiegter Petersilie hinzugeben. Etwa 3 Minuten scharf anbraten, dann salzen und mit Wein ablöschen. Während des Einkochens einige kleingezupfte Minzblätter hinzufügen. Dann den Thunfischrogen über die Krabben reiben, die Auberginen in die Pfanne geben und durchrühren.
Inzwischen die Nudeln *al dente* kochen, ebenfalls in die Pfanne geben und bei schwacher Hitze kurz mit dem Inhalt verrühren (*saltare in padella*) und mit einigen Minzblättern garnieren. Sofort servieren.

Polpettine di gamberi
Krabbenklößchen

Für 4 Personen

600 g Krabben
1 Ei
50 g Semmelbrösel
1 Bund Petersilie
1 Knoblauchzehe
Olivenöl
Salz und Pfeffer

Die Krabben werden ausgelöst und grob gehackt und mit dem Ei, den Semmelbrösel, der gewiegten Petersilie und der gepreßten Knoblauchzehe vermengt und mit Salz und Pfeffer abgeschmeckt. Dann werden kleine Klößchen geformt und in der Pfanne in nicht zu heißem Olivenöl gebacken. Das Gericht kann warm oder abgekühlt serviert werden.

tine di gamberi, Klößchen aus geschnetzelten Krabben, die mit Bröseln und Kräutern angemacht sind und Spießchen mit fritiertem Fisch und jungem *caciocavallo*-Käse. Oder ein Carpaccio von rohem, dunkelrotem *pesce spada*.

Auch beim *primo piatto* wird sizilianisch kreiert. Die Bandnudeln dampfen unter einer köstlichen, fast an asiatische Küche erinnernden Mischung aus gebratenen Auberginen, Crevetten und salzigem Thunfischrogen, nicht weniger apart ist eine Variante mit Krabben-Pistazien-Sauce. Auch der Einführung eines sizilianischen *risotto profumato* hat sich das ambitionierte Team der Hostaria verschrieben: Orangenschale, *gamberoni* und *radicchio* sind die Ingredienzien.

Schon wegen der Behutsamkeit, mit der die Hostaria mit Fisch umgeht, lohnt der Besuch. Hier lassen sich Edelfische wie *sarago* (Brasse), *spigola* (Wolfsbarsch) oder *branzino* (Seebarsch) *al sale marino* unter einer die Saftigkeit schützenden Schicht aus Trapani-

Sogliola saccense
Seezunge nach Art des Hauses

Für 4 Personen

4 Seezungenfilets
2–3 Tomaten
1 Knoblauchzehe
Olivenöl
1 Glas Weißwein
1 Bund Petersilie
einige Minzblätter
Origano
Salz und Pfeffer

Die Tomaten schälen, entkernen und das Fleisch in Streifen (*filetti*) schneiden. In einer abdeckbaren Pfanne die gehackte Knoblauchzehe in Olivenöl leicht anbraten, die Seezungenfilets hineinlegen und nach wenigen Sekunden mit dem Weißwein ablöschen. Salzen, pfeffern, mit der gewiegten Petersilie, den Minzblättern, etwas Origano und den Tomatenfilets belegen. In einer abgedeckten Form 15 Minuten im Backofen bei mittlerer Flamme garen. Als einzige »Beilage« ist frisches Weißbrot erlaubt.

Meersalz genießen. Die Seezunge nach Art von Sciacca (*sogliola saccense*) wird hingegen mit Minzblättern und Tomatenfilets gedämpft. Und die aromatischen Rotbarben in der Folie (*triglie al cartoccio*) sind einfach *una puisìa*, ein Gedicht.

Ganz traditionsstolz geht es beim Nachtisch zu. Die *murina*, ein *dolce nobile*, geht auf ein Barockkonfekt zurück, das einst die frommen Schwestern der Badia Grande den adligen Familien der Novizinnen bei der Schleiernahme ihrer Töchter als Dankesgabe überreichten: eine Mandelmarzipanrolle mit Bitterschokolade, gefüllt mit grüner Kürbismarmelade. Dabei soll sie laut Volksmund eigentlich nur eine Notlösung gewesen sein: Der Conte Luna, der einst im Sommer sein Stadtkastell oberhalb Sciaccas besuchte, verlangte nach seiner Leibspeise, den *cannoli*. Doch da es zu dieser Jahreszeit keine *ricotta* gab, verfielen die schlauen Nonnen auf die Idee, den Quark durch Mandelmus und Schokolade zu ersetzen …

Siciliana Cantina

An der sizilianischen Spielart des Couscous (*cùscusu*), der anders als seine maghrebinischen Vorbilder mit Fischfond angerichtet wird, scheiden sich die Geister und Gaumen nicht nur der Gastrokritiker. Ist die Trapaneser Spezialität aus Hartweizenschrot ein kulinarisches Vermächtnis der palermitanischen Kalbiten-Emire des 10. Jahrhunderts oder erst in jüngerer Zeit durch die zwischen Tunis und den Ägatischen Inseln pendelnden Thunfischjäger eingeführt worden? Fest steht jedenfalls, daß bis vor etwa zehn Jahren Couscous nur in einigen wenigen Hafentrattorie von Trapani und eigentlich nur freitags zu bekommen war. Arabische oder gar tunesische Gastarbeiterspezialitäten standen auf der christlichen Insel nicht gerade hoch im Kurs. Auch wenn von Trapani die kürzeste Fährverbindung nach Tunis geht, in La Golette noch immer Nachfahren sizilianischer Auswanderer leben und auf den Inseln Linosa, Pantelleria und Lampedusa der Übergang nach Afrika fließend ist. Doch inzwischen hat sich, auch unter dem Einfluß norditalienischer Diskriminierung, das Selbstverständnis, das Wunschimage der Sizilianer deutlich gewandelt. Anstatt fast schon neurotisch auf ihre *italianità* zu pochen, sind immer mehr Sizilianer und Sizilianerinnen bereit, gerade ihre kulturelle Andersartigkeit zu betonen. Womit der Schriftsteller Leonardo Sciascia noch aneckte, nämlich der Betonung einer spanisch-arabischen *sicilianità*, ist mittlerweile zu einer regelrechten Mode geworden. Die Araber sind längst nicht mehr die Sarazenen des Puppentheaters, deren abgeschlagene Köpfe in die Kulissen purzeln, oder die *turchi*, die sengend und vergewaltigend im Volkslied die sizilianischen Küsten unsicher machen, sondern sie haben sich in den Köpfen der Leute wieder zu den großen Kulturbringern verwandelt, die im 9. und 10. Jahrhundert Sizilien zur großen Oase machten, die Johannisbrot und Artischocken, Zuckerrohr und Blutorangen einführten. Als Nebeneffekt dieses *Arab Revival* sprießen überall In-Lokale mit arabischen Namen wie Marsa-allah (Marsala) und Bab-el-gherib (Bagheria) aus dem Boden, und abendliche Jugendtreffs nennen sich in kühner Multi-Kulti-Synthese des Zeitgeistes schon einmal Moucharabia Pub.

Auf dieser Welle hat sich auch das Couscous ausgebreitet. Heute ist das Vorzeigegericht fast in jedem Lokal von Trapani, Marsala oder den Ägatischen Inseln mittags und abends erhältlich und hat traditionelle westsizilianische Spezialitäten wie die *busiate*, Hausmachernudeln mit Mandel-Tomaten-*sugo*, fast vollständig aus dem allgemeinen Bewußtsein verdrängt. Und was einst als Sattma-

Scaloppine al Marsala
Kalbsschnitzel in Marsala

Für 4 Personen

8 kleine dünne Kalbsschnitzel
Mehl
Butter
1 Glas süßen Marsala
Salz und Pfeffer

Die Schnitzel salzen und pfeffern und mit Mehl bestäuben, dann in Butter sanft anbraten und mit dem Marsala ablöschen. 3 Minuten auf kleiner Flamme einkochen lassen. Die Schnitzel mit der Sauce servieren.

Couscous alla trapanese
Fischcouscous nach Trapaneser Art

Für 6 Personen

**1 kg Couscous (Hartweizen-
schrot)**
**1¹/₂ kg Edelfisch für Suppen,
z. B. Rotbarbe (*triglia*)
Drachenkopf (*scorfano*),
Crevetten (*gamberoni*) etc.**
5 geschälte Tomaten
1 Stange Staudensellerie
1 weiße Zwiebel
2 Knoblauchzehen
2 Bund Petersilie
Lorbeerblätter
Olivenöl
Salz und Pfeffer

Den Couscous in Salzwasser einweichen (traditionellerweise in
einem Tongefäß, *mafararda*, in
dem die Körner mit der rechten
Hand gerührt werden). Dann den
Couscous mit Olivenöl, 1 Bund
gehackter Petersilie, Pfeffer und
Lorbeerblättern vermengen und
in der *cuscusera* (oder einem Sieb
über kochendem Wasser) 30 Minuten dampfgaren.
Die gewürfelte Zwiebel und
1 Knoblauchzehe in einem
großen Topf in Olivenöl goldbraun braten, die kleingeschnittenen Tomaten, 1 Bund Petersilie
und die kleingewürfelte Selleriestange hinzugeben und mit 1–1¹/₂
Liter Wasser aufgießen, salzen
und 15 Minuten kochen lassen.
Den Petersilienbund herausnehmen, den Fisch dazugeben und
auf kleiner Flamme garen. Den

cher armer Leute mit billigem Fischsud versetzt wurde, wird
heute durch beachtliche Luxusvarianten aufgewertet. Auf der Insel Favignana kocht man die Körner in Langustensud, in der Trattoria Garibaldi in Marsala werden sie mit Edelfischen garniert und
im Tontopf angerichtet. Und die Rezeptforscher Angelo und
Clara vom Biobauernhof I Trabinis, die nach einem Brandan-
schlag auf ihr Stadtlokal nur noch nach Vorbestellung auf dem
Land kochen, haben gleich sechs verschiedene Varianten im Re-
pertoire: Couscous mit Broccoli, Saubohnen, Tintenfischsugo etc.

Mit solchen Raffinessen kann die Cantina Siciliana nicht mithal-
ten. Hier ist der Couscous schlicht und mit wenigen Fischstücken
garniert, aber wohlschmeckend und wird mit reichlich Fischbrühe
serviert. Vielleicht schwören gerade deshalb so viele Trapanesen
auf diese einfache Gaststätte, weil sie ihren angestammten Erinne-
rungen an Couscous als einfaches Volksnahrungsmittel entgegen-
kommt. Denn die Cantina mit ihrer blauen Azulejos-Kachelung,
die vage maghrebinische Atmosphäre verbreitet, ist in Trapani
eine Institution. In den siebziger Jahren gehörte sie zu den wenigen Einrichtungen, die sich der von der mafiösen Bauspekulation
gesteuerten Verödung der Innenstadt entgegenstemmten. Und
noch heute lebt sie von den Herren der anderen Seite. Die Magi-
strate und Richter der nahe gelegenen Präfektur zieht es regelmäßig in die Via della Giudecca. Der Straßenname erinnert daran,
daß hier einst ein Jüdisches Händlerviertel bestand, bis 1492 die
Spanischen Majestäten in Sizilien wie überall in ihrem Reich die
Judenvertreibung und die Einführung der Inquisition anordneten.
In der Cantina Siciliana ißt man, unter Federführung von Wirt
Pino und der aufmerksamen Betreuung von Cameriere Aldo, der
jenseits des hier gar nicht so großen Meeres Abdul heißt, einfach
und bodenständig: Neben dem im Leuchtschild versprochenen
Couscous die obligaten *spaghetti al sugo nero* mit schwarzem Tin-
tenfischsaft, frische Muscheln oder eine Scheibe Thunfisch von
den vorgelagerten Inseln, deren Fischüberfluß schon der arabische

Fisch herausnehmen und warm halten.

Im Mörser 1 Knoblauchzehe mit reichlich gewiegter Petersilie zerstampfen und in die vom Feuer genommene Brühe rühren. Dann die Brühe durch ein Gemüsesieb streichen und den passierten Sud bis auf ¼ Liter auf den Couscous in die *mafararda* gießen, mit einem Tuch bedecken und 30 Minuten an einem warmen Ort ruhen lassen. Dann mit den Fischen bedeckt und mit der restlichen wieder erwärmten Fischbrühe, die in einer Terrine gereicht wird, servieren.

Pasta cu pistu trapanisi
(Pasta con pesto trapanese)
Nudeln mit Trapaneser Tomaten-Pesto

Für 4 Personen

400 g *penne*
6 reife Tomaten
6 Knoblauchzehen
1 Bund Basilikum
100 g Mandeln
¹/₈ l Olivenöl
Salz und Pfeffer

Die Tomaten schälen, entkernen und mit dem gehackten Knoblauch, den Basilikumblättern, den gehackten Mandeln, dem Olivenöl und etwas Salz und Pfeffer in einen Mixer geben und grob pürieren. Diesen Pesto über die *al dente* gekochten *penne* geben und sofort servieren.

Hofgeograph König Rogers, Al-Idrisi, 1154 in seinem Buch »Die Lust um die Welt zu reisen« gerühmt hatte. Oder natürlich *scaloppine al marsala*, die mittlerweile in ganz Italien verbreiteten Kalbsschnitzel in süßem Marsalawein. Und in der Cantina trifft man genug Leute zum Reden: von den fürchterlichen Bombardements des Zweiten Weltkrieges, die Trapani schwerer als jede andere italienische Stadt beschädigten, von den japanischen Thunfischmetzgern, die auf der Tonnara von Favignana, der letzten noch traditionell betriebenen *mattanza* (Thunfischjagd) Siziliens, die teuersten Filetstücke für Sushi aufkaufen und von der großen Karfreitagsprozession, die die ganze Nacht dauert, über 20 Stunden.

Florio * De Bartoli
Dreimal Marsala
Baglio Vajarassa

In der Nachkriegszeit tendierte man zur verkitschten Massenproduktion allzu berühmter Lagen, sei es Chianti, Rheinwein oder Kalterer See. Auch das Image des Marsala hat sich bis heute nicht ganz von den aus der Verzweiflung des Winzersterbens der sechziger Jahre geborenen exotischen Billigmischungen befreit, denen 1984 per Dekret der Name Marsala aberkannt wurde. *Marsala al banana*, *marsala al cocco*, oder etwas traditioneller *marsala alla mandorla* oder *marsala all'uovo*, Mandel- und Eierpunschmarsala sorgten italienweit für süße Fuselräusche.

Dabei hat der Marsala eine lupenreine Tradition aufzuweisen, die sich nicht zu verstecken braucht. Wie seine renommierten Vettern Sherry, Porto und Madeira läßt er sich auf die Bedürfnisse der englischen Marine zurückführen. Weinrationen stellten nicht nur sklavenhaft schuftende *sailors* ruhig, sondern beugten auch Mangelerscheinungen bei monatelangen Fahrten vor. Doch nur Wein

mit hohem Alkoholgehalt war bei den damaligen Lagermethoden vor dem Umkippen sicher, süßer Zyperwein etwa oder der schwere Malvasier aus der peloponnesischen Stadt Monemvasia. Doch durch Hinzufügen von eingedicktem Traubenmost ließ sich der Zucker- und damit der Alkoholgehalt steigern, ein Verfahren, daß im 16. Jahrhundert in Madeira entwickelt wurde. Als dann im 18. Jahrhundert die Nachfrage nach solchen Dessertweinen aufgrund der Indienschiffahrt in Rekordhöhe schoß, verfielen englische Geschäftsleute auf Sizilien, wo auch schon der normale Bauernwein hochgradig ist und sich in einem *marsalizzazione* genannten Prozeß sherrygelb einfärbt. Der frühe Marsala trägt englische Namen, beginnend 1773 mit John Woodhouse, dem aufgefallen war, daß Marsala auf gleicher Höhe wie Madeira liegt. Ingham, Whittaker und Hopps waren die großen anderen Winzerdynastien, die besonders von Napoleons Kontinentalsperre profitierten. So wurde der Marsala im 19. Jahrhundert neben dem Schwefel zum zweiten Industriezweig Siziliens. Zum Symbol dieses Aufstiegs wurde die aus Kalabrien stammende Familie Florio, die im Laufe der Zeit sämtliche englische Traditionsmarken aufkaufte. Über 99 Schiffe und dazu ein kleines goldenes auf dem Schreibtisch gebot Ignazio Florio, womit er die Stückzahl der königlichen Flotte erreicht hatte. Später ließen die Florio ihre Werkshalle in Marsala vom Opernarchitekten Ernesto Basile errichten. Die mondänen Frauen der Florio sind ein Stück sizilianische Gesellschaftsgeschichte wie die legendäre Bergrallye Targa Florio.

Die Firma ging, nachdem sich die Familie standesgemäß beim Glücksspiel ruiniert hatte, 1929 in den Besitz von Cinzano über und gehört heute einer englisch-norditalienischen Holding, von 1200 Arbeitsplätzen um die Jahrhundertwende sind 50 Stellen geblieben. Der Besuch der Kelterei bleibt trotzdem ein Muß: Die Bank, auf der sich Garibaldi nach der Landung in Marsala an Florio-Wein labte, die riesigen Holzfässer aus slawonischer Eiche, in denen zum Teil noch *riserva* des 19. Jahrhundert lagert, die Sammlung alter Flaschen, die Verkostung der erlesenen Vergine-Weine, die wie Terre Arse die beste Tradition hochwertigen trockenen Marsalas verkörpern.

Ein ganz anderes Ziel verfolgt Marco De Bartoli, der sich selbst trotzig »Robin Hood des Marsala« nennt. Sein kleines Weingut in der Gemarkung Samperi hat sich von vornherein darauf konzentriert, durch handwerkliche Qualitätsarbeit den Marsala wieder zu einem internationalen Spitzenwein werden zu lassen. Teilweise hat De Bartoli, wie seine Assistentin Maddalena erklärt, dabei sogar auf die einengenden Bestimmungen des Marsala-DOC-Siegels verzichtet, die eine Mischung von etwa 85 Prozent Catarratto bzw. Grillotrauben und nicht mehr als 15 Prozent Inzolia vorsehen, um seinen persönlichen charakteristischen Marsala zu komponieren. Sein nach dem Soleras-System gekelterter Vecchio Samperi aus den *vitigni* Grillo und Inzolia mit dem relativ geringen Alkoholgehalt von 15,5 Prozent hat sich zu einem der angesehen-

sten Marsalas Siziliens entwickelt. Daneben produziert Marco De Bartoli, inzwischen Präsident des sizilianischen Weininstituts, auch geistreiche neue Weine aus alten einheimischen Rebsorten. Ein Erlebnis ist etwa der trockene Tischwein Baglio Samperi, der aus der Inzoliarebe gewonnen wird, eine echte Überraschung der trocken ausgebaute *zibibbo* von seinen Gütern auf der Insel Pantelleria. Einer der wenigen sizilianischen Winzer denen es gelungen ist, auch international überzeugende sizilianische Prädikatsweine zu kreieren.

Altehrwürdige Tradition, raffinierte Innovation – es gibt noch einen dritten Weg: Einfachen Marsala vom Bauern. Auf der Punierinsel Mozia, die einst der Marsaladynastie Whittaker gehörte, zweigt die *padrona* der Bar manchmal eine Flasche Selbstgemachten ab. Der ideale Platz aber, um in ländlicher Ruhe Marsala zu

trinken, ist der Baglio Vajarassa in der Nähe der Salinen, einer der
typischen Gutshöfe, deren Name angeblich vom Arabischen bahal
(ummauerter Innenhof) kommen soll. Besitzer Dino Agate füllt
nicht nur eigenen Marsala ab, sondern hat auch ein kleines Wein-
baumuseum mit einer alten Presse eingerichtet. Beim Plaudern an
den Holztischen im Hof erfährt man, daß Dino die Lagune von
Marsala und Trapani wie kein zweiter kennt und liebt und sie fast
täglich mit dem Boot befährt, hört die Geschichte des Meersalzes
von Trapani und der Windmühlen, von Salinenpoeten und Tuff-
bildhauern und findet, wenn die Zunge vom Wein schwerer wird,
auch Quartier und Speisung.

Verzeichnis der Rezepte

Literatur

Athenaios von Naukratis: Das Gelehrtenmahl, Leipzig 1985

Conti, Mariella: La pasta Siciliana, s.l., s.a.

Coria, Giuseppe: Usi nuziali e mangiar di nozze in Sicilia, Catania 1994

Correnti, Pino: Il libro d'oro della Cucina e dei vini di Silicia, Milano 1995

– La gastronomia nella storia e nella vita del popolo siciliano, Palermo 1992

Di Leo, Maria Adele: I Dolci Siciliani, Roma 1995

– La Cucina Siciliana, Roma 1995

– La Cucina di Pesce Siciliana, Roma 1996

Di Pietro, Corrado: Alla Tavola di Nunzio Bruno, Montemerlo (PD) 1994

Goethe, Johann Wolfgang von: Italienische Reise, Palermo, 13. April 1787

Jünger, Ernst: Aus der Goldenen Muschel, in: Sämtliche Werke, Bd. 6, Stuttgart 1982

Osterie d'Italia, Italiens schönste Gasthäuser, München 1996

Randazzo, Giuseppina: La Cucina Siciliana, Palermo 1993

Sapori del Sole – Cucina Siciliana (ed. Buzzanca, Falcone, Falcone, La Spada), Marina di Patti 1996

Simeti, Mary Taylor: On Persephones Island, New York 1986

– Pomp and Sustenance, Twenty-five Centuries of Sicilian food, s.l., s.a.

Todaro, Carmelita: La pasticceria Siciliana, s.l. 1996

Tomasi di Lampedusa, Giuseppe: Der Leopard, Reinbek 1975

Trome, Alba: La Cucina Tipica Siciliana, S. G. La Punta (CT) 1995

Vom Gipfelschnee zur fröhlichen Eiszeit (ed. Heidemarie Prell), Nürnberg 1987

Adressen

① **Hostaria da Mamma Carmela**
Via Principe di Scordia 159
Palermo (zwischen Politeama und Hafen im Mercato del Borgo Vecchio)
Telefon 091/6111096 oder 6112701
kein Ruhetag
Ferien: 15. August

② **Antica Focacceria S. Francesco**
Via Paternostro 58
Palermo (Nähe Quattro Canti und Cassaro)
Telefon 091/320264
Montag geschlossen

③ **Francu u' Piscaturi**
(Antica Trattoria dell'Arco)
Largo Pescheria 16
Porticello (PA)
Telefon 091/957758 oder 958973
Montag geschlossen

④ **Il Vecchio Frantoio**
Contrada Firrione
Scillato (PA, Ausfahrt Scillato auf der Autobahn Palermo–Catania, dann 4 km Richtung Polizzi Generosa)
Telefon 0921/663047 oder 0336/549239
kein regelmäßiger Restaurantbetrieb, sondern meist nur Samstag und Sonntag Mittagessen, unbedingt vorbestellen!

⑤ **Romitaggio S. Guglielmo**
Contrada S. Guglielmo
Castelbuono (PA)
Telefon 0921/671323
Mittwoch geschlossen
Ferien: 15. Juni bis 15. Juli

⑥ **La Nassa**
Via Franza 36
Lipari (ME)
Telefon 090/9811319
Montag geschlossen
Ferien: wechselnd, meist zwei Wochen im Oktober oder November

⑦ **A Casitta**
Ponte di Graniti
Graniti (ME)
Telefon 0942/47047
Dienstag geschlossen
Ferien: wechselnd

⑧ **Trattoria Don Giovanni**
Via Scalo Grande 68
S. Maria La Scala /Acireale)
Telefon 095/7648141
Montag geschlossen
Ferien: wechselnd

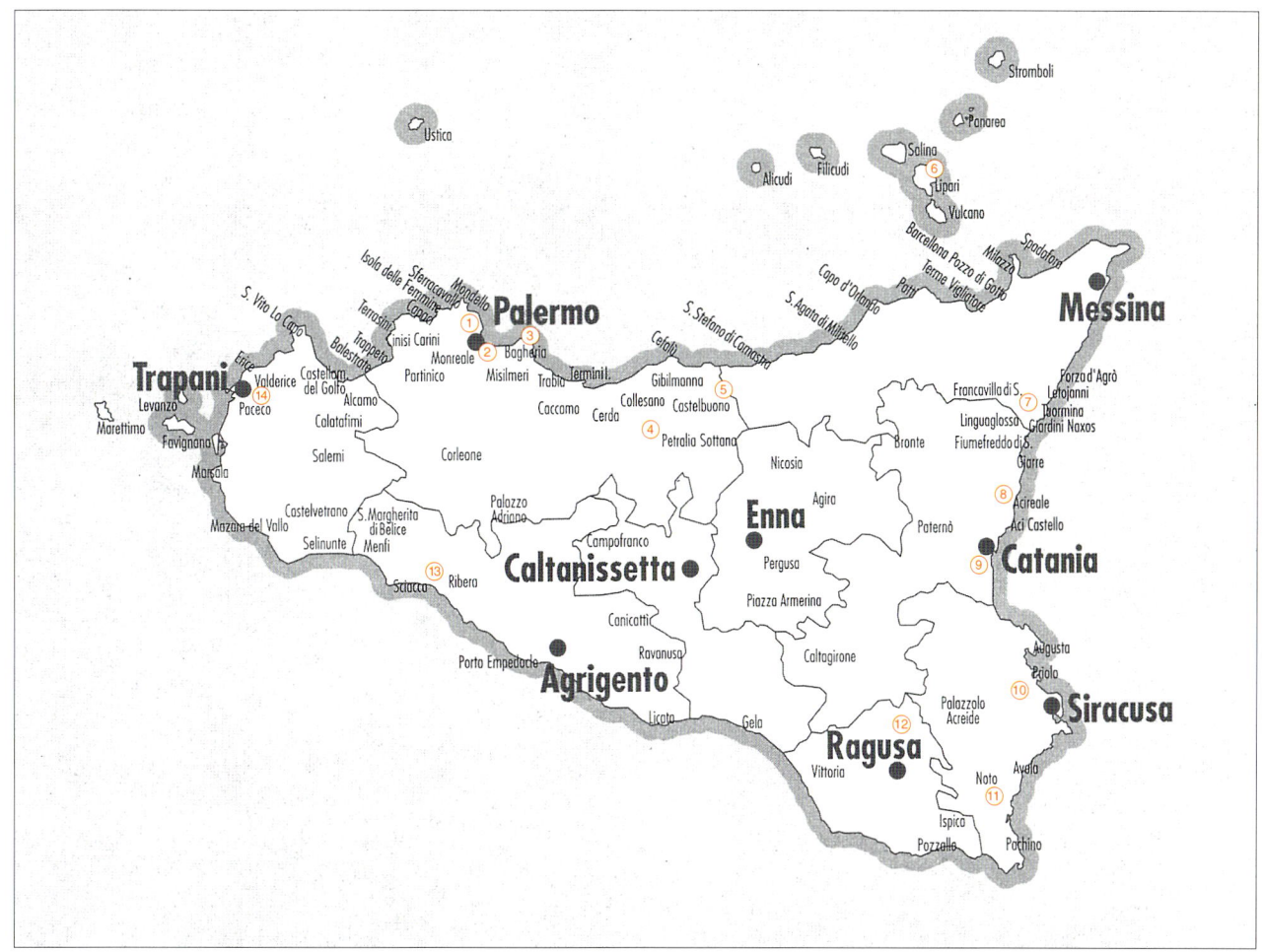

⑨ **Trattoria Casalinga**
Via Biondi 19
Catania (Nähe Teatro Bellini,
Via San Giuliano)
Telefon 095/311319
Sonntag und abends geschlossen
Ferien: 15. bis 31. August

⑩ **Nunzio Bruno – Villa Museo**
Villa Museo di Cozzu Zu Cola
Floridia (SR, Richtung Canicattini)
Telefon 0931/949301
kein fester Ruhetag (Voranmeldung
empfohlen!)

⑪ **Trattoria del Carmine**
Via Ducezio 9
Noto
Telefon 0931/838705
Montag geschlossen (außer im
Sommer)
Ferien: keine

⑫ **Majore**
Via Martiri Ungheresi 12
Chiaramonte Gulfi (RG)
Telefon 0932/928019
Montag geschlossen
Ferien: 1. bis 22. Juli

⑬ **Hostaria del Vicolo**
Vicolo Sammaritano 10
Sciacca
Telefon 0925/23071
Sonntag und Montag abend
geschlossen
Ferien: 15. bis 31. Oktober

⑭ **Cantina Siciliana**
Via Giudecca 36
Trapani
Telefon 0923/28673
Mittwoch geschlossen
Ferien: wechselnd

Dreimal Marsala

Cantine Florio
Via Vincenzo Florio 1
Marsala
Telefon 0923/781111 (Voranmeldung
erwünscht)

**Azienda Agricola Vecchio
Samperi di Marco De Bartoli**
Contrada Fornara Samperi 292
Marsala (Richtung Mazzara)
Telefon 0923/962093 oder 962910

Baglio Vajarassa
Contrada Spagnola
Marsala
Telefon 0923/968628 oder 952118

Süßes ... und Kaltes

Antica Dolceria Bonajuto
Corso Umberto 159
Modica
Telefon 0932/9412225

Gelateria Corrado Costanzo
Via Silvio Spaventa 7–9
Noto
Telefon 0931/835243

Bar Centrale
Piazza Umberto I.
Floridia

Pasticceria Savia
Via Etnea 302–304
Catania
Telefon 095/322335

Alfons Schuhbeck

Finger-food

*Die Lust,
aus der Hand
zu essen*

*Fotografien von
Francis Ray Hoff*

KOMET

Es ist eine wahre Lust, mit den Fingern zu essen, und immer mehr Menschen kommen auf den Geschmack von Fingerfood. Alfons Schuhbeck macht sich für diesen Trend stark und demonstriert überzeugend, daß es nicht gegen die guten Sitten verstößt, auf Messer und Gabel zu verzichten – purer Genuß von der Hand in den Mund.

Die neue Einfachheit ist sinnlich und wird fotografisch meisterlich in Szene gesetzt von Francis Ray Hoff.

ISBN 3-89836-270-1

Francis Ray Hoff

Fisch von Aal bis Zander

*Köstliches
aus Flüssen
und Seen*

KOMET

Fisch kann auf die vielfältigsten Arten zubereitet werden: Ob als Suppe, als Pie, Terrine, Pastete oder Ragout, ob gedünstet, mariniert, gebraten oder geräuchert – für jeden Geschmack ist etwas dabei.

Francis Ray Hoff gibt mit seinen Rezepten Anregungen, auch seltene Fischarten wie Schleie oder Rutte zuzubereiten. Er kreiert alle Gerichte selbst oder empfindet sie Klassikern nach. Dabei fotografiert er alles direkt von der Herdplatte weg.

ISBN 3-89836-273-6

**Christoph Wagner
Peter Frese**

Garküchen

*Vom Essen auf
den Straßen
und Märkten
zwischen Peking
und Hongkong*

KOMET

Essen bedeutet im Fernen Osten buchstäblich Fast Food, die schnelle Zwischenmahlzeit, die aus kleinen Häppchen besteht.

Diese Dim Sum werden in meisterlicher Weise in den Garküchen zubereitet. Sie sind das Werk von flinken geschickten Fingern, Symbol von Unternehmergeist und Mobilität.

Diese üppig bebilderte Sammlung von Originalrezepten aus den Garküchen im Fernen Osten öffnet neue kulinarische Horizonte für den eigenen Herd.

ISBN 3-89836-271-X

**Birgit Müller
Christoph Mann**

Pasta al dente

KOMET

Pasta, Pasta, Pasta – das ultimative Buch für Nudelliebhaber mit einer originellen Auswahl an Rezepten aus den verschiedenen Regionen Italiens, von der „pasta ciucca" bis zu den feinsten Ravioli und den köstlichsten Tortellini.

Historische Fotos garantieren einen stimmungsvollen und authentischen Einblick in die Kulturgeschichte der Pasta, und die Aquarelle von Christoph M. Mann machen dieses Buch zu einem wahren Augenschmaus.

ISBN 3-89836-275-2

In diesem opulenten Bildband verrät der Padrone der legendären „Osteria Le Logge" in Siena, Gianni Brunelli, seine besten Rezepte der toskanischen Küche. Die kulinarischen Aquarelle von Christoph M. Mann wecken die Lust, die Gerichte nachzukochen, denen die toskanische Küche ihren Ruhm verdankt. Werfen Sie mit uns einen Blick hinter die Kulissen des großen Küchenmeisters Gianni Brunelli!

ISBN 3-89836-277-9

„Nur wer gerne gut ißt, kann auch gut kochen." Davon ist der international gefeierte Spitzenkoch Otto Koch überzeugt.

Zum ersten Mal gibt er in diesem Buch einen umfassenden Einblick in die Geheimnisse seiner verfeinerten bayerischen Küche. Er zeigt, zu welchem Gaumenschmaus regionale Kost werden kann, und wird nicht müde, aus traditionellen Gerichten und Zutaten immer wieder Neues zu schaffen.

ISBN 3-89836-297-3

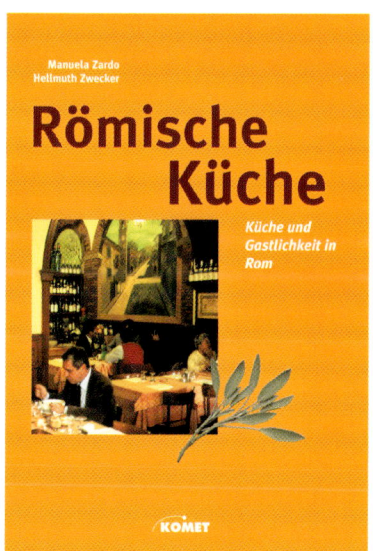

„Salons für die, die keinen haben" pflegt man die urigen Osterie Romane zu nennen. In diesen traditionellen Wirtshäusern haben römische Küche und Gastlichkeit überlebt. Manuela Zardo und Hellmuth Zwecker stöberten die schönsten und originellsten Osterie auf. Gewürzt mit köstlichen Anekdoten zeichnen sie zahlreiche Rezepte römischer Kochkunst zum Nachkochen auf. Stimmungsvolle Fotos runden den kulinarischen Spaziergang durch die Weltstadt Rom ab.

ISBN 3-89836-281-7

Schon im antiken Rom wurden Höchstpreise für sizilianische Köche geboten, und noch heute gehört die traditionsreiche Küche der Sonneninsel zu den unverwechselbaren Höhepunkten kulinarischer Erlebnisreisen.

In diesem opulenten Bildband laden 16 bodenständige Trattorie und Ristoranti zu Spezialitäten und typischen Regionalgerichten ein, und natürlich darf auch ein Rundgang durch die Weingüter nicht fehlen, die den berühmten Marsala hervorbringen.

ISBN 3-89836-298-1